エトセトラ

VOL.1 SPRING/SUMMER 2019

JN194475

特集 ／ コンビニからエロ本がなくなる日

etc.books

なくなる日

連載

エトセトラ VOL.1
staff

責任編集 ―――― 田房永子
表紙デザイン ―――― 福岡南央子(woolen)
本文デザイン・組版 ― 水上英子
編集 ―――― 松尾亜紀子　竹花帯子
校正 ―――― 大西香織
写真 ―――― おがわめぐる(p55)

エトセトラ VOL.1　目次

特集　コンビニからエロ本が

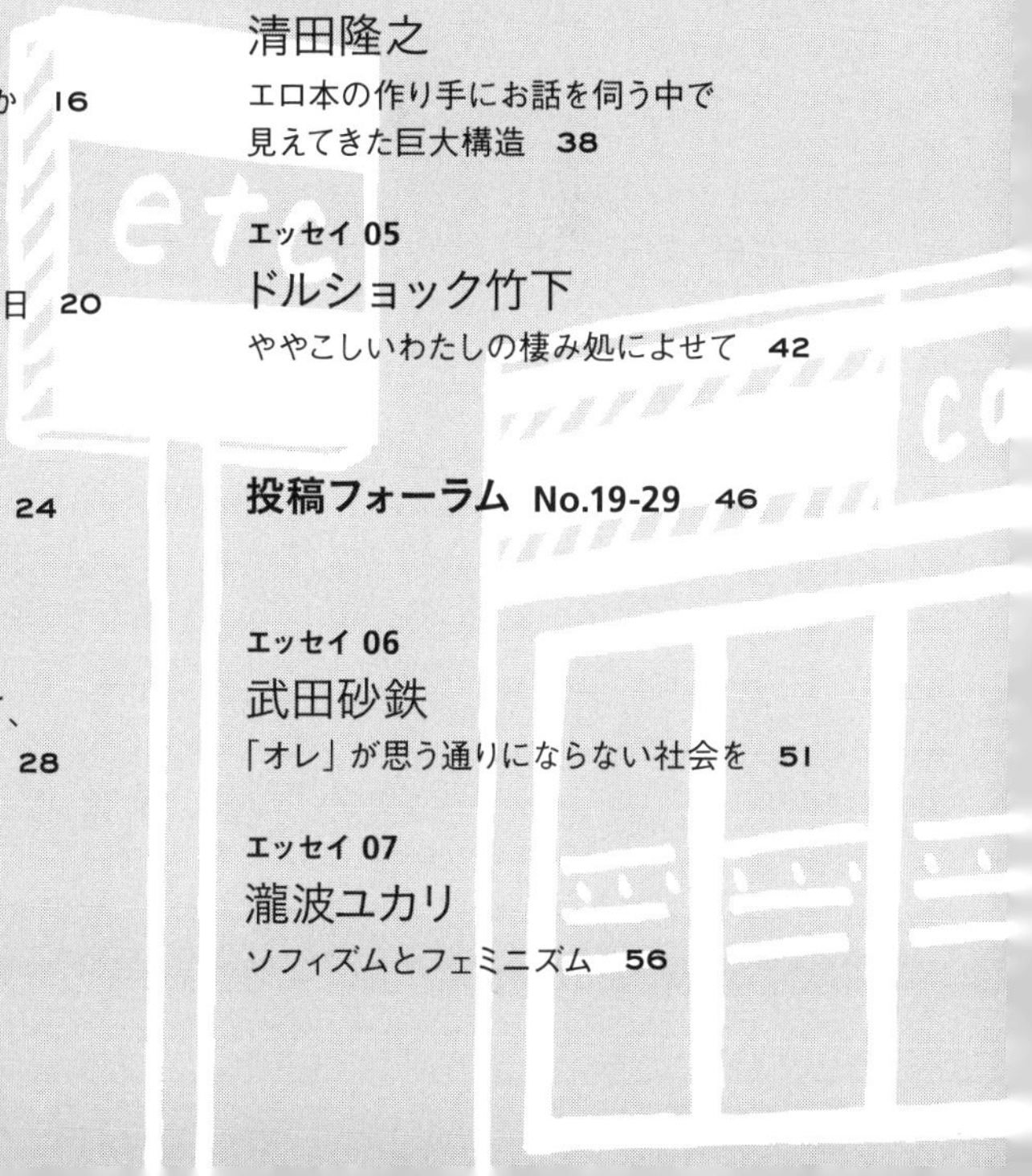

はじめに

２０１９年1月21日、

「大手コンビニチェーン、成人向け雑誌販売中止へ」

のニュースを見て思わず大きい声が出ました。

セブン‐イレブン・ジャパンが成人向け雑誌の販売を中止する方針を決めたことが21日、わかった。8月末までに全国の2万店超の全店で原則、販売をやめる。ローソンも同日、8月末までに成人誌販売をやめると発表した。女性や子どもが来店しやすくするほか、２０２０年の東京五輪・パラリンピックなどを控え、インバウンド（訪日外国人）のイメージ低下を防ぐ。
２０１９／1／21　日本経済新聞電子版

（田房注：ファミリーマートはこの日「取り扱いをやめる方針はありません」と回答。しかし翌日22日には8月末に販売を中止すると発表しました。他大手では、ミニストップが２０１８年1月1日から全店での販売をすでに取りやめており、セイコーマートも２０１９年内に中止するとの報道がありました）


ニュースでこんなに嬉しい気持ちになったのは初めてでした。コンビニに成人向け雑誌（＝エロ本）が売られていることは「なんかおかしい」と思っていたし、特に子どもを生んでからはつらくて仕方なかったから。

だけどこのニュース自体、テレビでとりあげられたのは発表された当日くらいで、ワイドショーで紹介されることもありませんでした。ネット上では少し意見が交わされていましたが、１週間もすると別の話題に変わっていました。

大手コンビニからエロ本がなくなるまであと半年。なのにすでに終了したあとのような静けさです。

そんな流れの中で、「コンビニにエロ本があったこと」は一瞬で忘れられてしまうと思いました。子どもの頃から「コンビニにはエロ本」が当たり前で過ごしてきた私たちでさえ、すぐに忘れてしまう。

それくらい、ささいな事だから。

だけど私にとっては、ぜんぜんささいな事じゃない。

「コンビニからエロ本がなくなること」についてリアルな声を記録する雑誌をつくることにしました。

私たちと、未来のフェミニストたちのためのテキストとして。

編集長・田房永子

かつてコンビニにはエロ本があった
うちの近所にコンビニができたのは小1（昭和60年・1985）の頃
24 サンチェーン
24時間ずっとやってるんだって
すごいね
東京・千代田区
お茶の水のロー●ンはすごい本がたくさんあるよ
小4くらい
CLASS MATE
エロマンガの棚
5,6人いた
立ち読みする小学生たち
私はそこで
番長グループに全裸で校舎にはりつけにされる美少女のシーン
を見て衝撃的だったから次の時も見ようとしたけどどの本だったかわからなかった
あれ これじゃない…
そして思い出してこわくなったりする
あんなことがだれかにおこったらどうしよう…
ドキドキ
テレビでは女性の胸が映っていた時代だ
高校生（平成7年1995）の頃、毎年の文化祭に「カメラ小僧」たちがまぎれこんでいた。
田房永子
チアリーダー部の発表会
女子校
板内先生また追い出してる
がんばれ〜
股間を狙って撮るんだよアイツら
カメラ小僧たちのせいで文化祭はチケット制になってしまった
他校の男子が自由に来られなくなったじゃん！
出会いの場なのに!!
招待する人には名前入りチケットを渡さなきゃいけない
ほんとふざけんなカメラ小僧!!!

世の中が「女子高生ブーム」に湧いていた(平成8年1996)のある日
コンビニにカメラ小僧が撮った写真が載ってる本があるって
うちのチア部の隠し撮りが載ってるんだって 〇〇さんの股間とか。
文化祭に入れないのにどうやって撮ったの
大会にもたくさん来るんだって
コンビニに行こう!!
学校から最寄り駅までの通学路にあるコンビニ
あった!!
投稿写真
投稿
隠しどり
隠し撮りの雑誌だけで5種類くらい置いてあった
〇〇さんの写真は載ってなかったけど、いろんな学校の女子たちの隠し撮りされたパンツが載っていて
これ…×今高じゃん
もうムリ気持ち悪い
やめよ…
自分も勝手に撮られて載ってるかもしれない盗撮雑誌が
新作デザート
どよーーーん
コンビニっていうオープンな場所で手に取ることができた
その後平成16年2004から立ち読み防止シールが貼られる
うぶっ娘JK FILE
オカズ女
青い透明のはがせるテープ
コンビニのエロ本は
私の書いた記事が載ってる本
になった
エロ本の仕事をしていた25歳
母親になってから もうほんとになにがなんでもとんでもなくコンビニのエロ本がつらくなった平成29年2017
マジでかんべんしてくれ!!
そっちじゃない!! こっちだよ!!
おっぱいだよー
ぐい
2019
平成最後 新元号元年8月末、いよいよコンビニからエロ本がなくなる

コーナーを記録しておく

2019年4月、
都内某市、駅から
約1km圏内のコンビニを
調べました。

表紙が見えない控えめ陳列の
セブン-イレブン

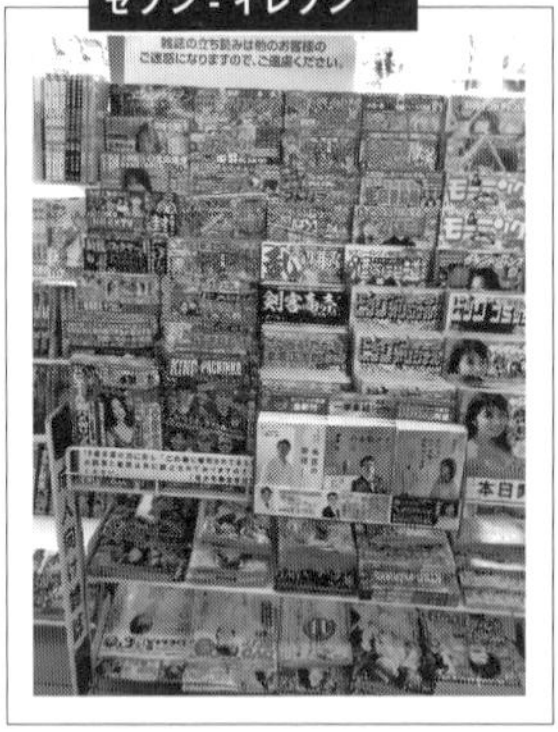

集合住宅そばのファミリーマート

トイレやコピー機近くに
「成人向け雑誌」コーナーが
あることが多い

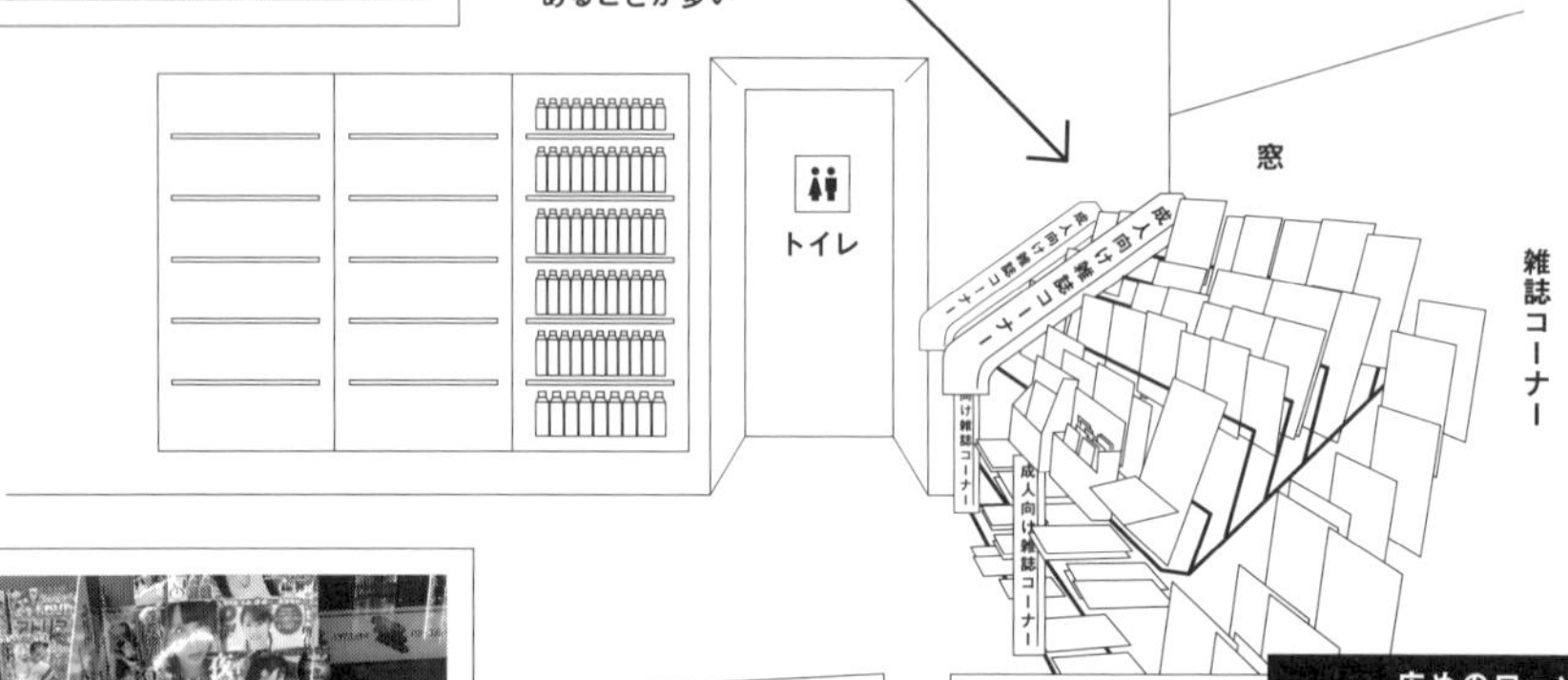

陳列が頻繁に変わる
セブン-イレブン

広めのローソン

調査圏内にある7軒のうち、1/21の販売中止報道後すぐに成人誌を撤収した店が2軒、もともとなかった店も1軒ありました。

そもそもコンビニの「成人向け雑誌」とは？　コンビニで販売されている「成人向け雑誌」「成人誌」は、日本フランチャイズチェーン協会の自主基準（ガイドライン）で独自に定められた区分。コンビニでは、地方自治体が不健全と指定した図書（成人マーク表示義務や罰則等がある、書店のみ販売が許されたいわゆる「18禁」）は取り扱えない。よって、コンビニで販売されている「エロ本」は条例で不健全とされる図書類の「類似図書」であり、陳列棚の仕切りや未成年者への販売・閲覧防止は、努力義務として各店舗に一任されている。なお、各コンビニが取引する取次業者によって、「成人向け」表現基準が異なる。

Majiで Nakuなる5ヶ月前

コンビニ“成人向け雑誌”

2017年8月（連載時）、
コンビニのエロ本について
田房永子はこんな漫画も
描いていました。

田房永子
『お母さんみたいな母親にはなりたくないのに』
（河出書房新社）より

投稿フォーラム

コンビニからエロ本がなくなる時代に生きる人たちの声を集めて記録したい。投稿ページは必ずやりたい企画でした！　ありがたいことに、2019年2／19〜3／15の期間に、134通の投稿をいただきました。半数が「コンビニからエロ本がなくなってくれることがうれしい」という内容でした。「うれしい」というご意見もそれ以外も全部載せたかったのですが紙幅が足りず、「どんな意見もまんべんなく」を心がけて選びました。（田房）

田房永子 @tabusa・2月19日
コンビニからエロ本がなくなって嬉しい方、戸惑う方、エロ本制作者の方、コンビニ店員の方、その思いのたけを、ぜひ投稿してください。ぜひともみんなで、この「コンビニからエロ本がなくなる日」を歴史に刻もう！　みんなで一冊のマガジンを作りましょう！　ご協力、お願いします！

お名前／お住まいの地域／職業・肩書／年齢／性別
＊掲載は、投稿日時順です。

01 男の性を食い物にしてるのは男

ごちぃ
滋賀県／無職／31／男

私は、コンビニのエロ本が排除されることは喜ばしいことだと思う。コンビニに入ると、本棚から女性が虐げられている写真がアップで映し出され、視界に入ると嫌な印象を受けた。男だから女を搾取しろと暗に言われてるような気がするし、性暴力を勧められているような感覚があったからだ。また、幼く見えるメイクをして胸の谷間を強調するのは児童ポルノのような気がしてならない。男は若い女性が好きだろとか女を襲えとか支配欲を刺激されるような文言が並び、操られて女性に攻撃的になりそうで自分が怖くなる。勝手に男の性を食い物にしているのは男だと思った。だからコンビニにエロ本はいらない。

02 ある客が私の前でエロ本を広げて見せてきた

歩ききのこ
東京都／主婦／37／女

高1の時コンビニでバイトをしていました。エロ本が置いてある店舗です。雑誌の陳列は深夜帯の仕事で私が行うことはありませんでしたが、客がレジに持ってきた場合は対応するしかありません。

ある客が私の前でエロ本を広げて見せてきたことがありました。見てほら！　すごいねえ！　あなたもこんな風にならなくちゃなどと言いながら、どんどんページをめくります。あんなに露骨に誰かと比べられ、容姿の批評をあけすけにされたことは、後にも先にもありません。すぐにその場を離れたかったけれどどうすればいいのかわからず、エロ本を間に挟んでその客と向かい合ったまま動けなくなりました。その日一緒にバイトに入っていたのは同い年の男の子で、私は彼の方を向くことができませんでした。その子がどんな顔をしてこのやり取りを見ているのかを知るのが怖かった。この客の言うことに同調されたらどうしようとも思いました。

あれから20年ほど経ち、社会の有り様は少しずつ変化しています。テレビから裸の女性は消え、セクハラという概念が浸透し、広告のポスターなどでも安易に女性をアイキャッチとして使うのはよくないという認識が広まるなど、そこら中にあふれていた実写エロは若干鳴りを潜めたように思います（それに代わって萌えエロがあふれるようにはなりましたが）。しかしコンビニにはエロ本が陳列され続けている。立ち読み防止などの対策も広まったけれど、そのせいで表紙が過激になるなど弊害も生じたようです。

今私には娘と息子がいます。どちらにも「男のためのエロはそこら中にあふれているのが当たり前」「女は男に常に消費され、それを受け入れるのが当たり前」などと思ってほしくありません。子供を連れてコンビニに入るのが嫌だ、そう思う親御さんは少なくないのではないでしょうか。こういう話をすると、ならば子供はどこで性の知識を得ればいいのだと言い出す人が時々いますが、正しい知識を得るにはエロ本は向きません。性教育が充実することを望みます。

エロはエロをほしい大人が選択して初めて手に入るように、普段は見えないところに置いてほしい。私はコンビニからエロ本がなくなるその日を歓迎します。

03 彼らは声をあげる能力も機会もないまま、エロを取り上げられる

DENNY喜多川
東京都／アダルトライター／48／男

「コンビニのエロ本」のメインユーザーは「ネットにアクセスするリテラシーのない中高年男性」だと思われます。彼らはいわゆる「キモくてカネのないオッサン」層とかなり重なっているはずです。彼らは声をあげる能力も機会もないまま、エロを取り上げられるんですよね……。

04 煽りコピーに辟易していました

みわのみか
宮城県／パート／54／女

本当に嬉しいかぎりです。ヌードだけでも嫌な感じでしたが、加えて盗撮だの痴漢だの、犯罪を助長・推奨するような煽りコピーに辟易していました。コンビニから消えてくれて、誠に誠に嬉しい！

05 喫煙所の方が実害あるのでは？

のの
大阪府／運転手／51／女性

コンビニに成人誌があることが、そんなに害の大きなこととは思っていませんでした。見たくなければ（見せたくなければ）そのコーナーを避ければいいことだし。よっぽど、コンビニ前の自転車置き場近くなどにある喫煙所の方が、実害あるのでは？　性的なことを隠しすぎても、ネットなどではもっと過激なものにも触れられるし、触れ方だとか、それがフィクションであることを伝えるべきと思います。

06 あんなもの小さい子の目に触れさせるものではありません

ちーさん
愛知県／会社員／37／女

子供が生まれてから、コンビニへ気軽に行けなくなり嫌いになりました。なぜならエロ本のコーナーに行って欲しくないから。連れて行く時は必ず手を繋いで、まず入ってからエロ本のコーナーを確認して、1番離れたルートを通ります。旦那にその話をすると気にしすぎだと笑われましたが、あんなもの小さい子の目に触れさせるものではありません。おかしい。

07 無くなってくれると嬉しいです

ここあ丸
神奈川県／主婦／40／女

10歳の娘がコンビニのエロ本コーナーの前で「裸ん坊のお姉さんがいるよ。何で?」と聞いてくるし、手に取ろうともするので、無くなってくれると嬉しいです。健全な性教育に繋がる読み物なら置いていても良いのですが、女性を1人の人間として扱っていない内容に反吐が出ます。女性をモノのように扱っている内容に情けなくなります。

08 なんで子供が見ちゃダメなものだと思われるのか不思議

みう
大阪府／主婦／49／女

私の家の近くのコンビニは、近くに私立学校があるせいか、エロ本はおいてありませんが、息子が小学4年生ぐらいのとき、たまたま飲み物を買いにコンビニに寄ったら、わざと遠回りをしてエロ本コーナーの横を通って横目で見ていてかわいかった。そのあと、赤ちゃんをだっこしたお母さんが横を通ったときに、「あの赤ちゃん、（エロ本表紙の女性を）ママだと思ったかな?」とか言ってて、さらにかわいかった。なんで、子供が見ちゃダメなものだと思われるのか、不思議でなりません。

09 アダルト系専門ライターには大打撃

藤村綾
愛知県／ライター／40／女

わたしはアダルト系専門のライターです。いつもプロフィール欄には、『俺の旅 ミリオン出版 コラム連載』と、書いていました。俺の旅は風俗雑誌で発刊からおおよそ15年経っており、わたしは途中からライターとして風俗嬢目線からのコラムコンテンツを書かせていただいていました。藤村綾とゆうペンネームは俺の旅が生みの親でもあり自身風俗嬢として共に歩んできた風俗雑誌であります。日本最古の風俗雑誌と呼ばれておりましたが実は経営が思わしくなく大洋図書に吸収合併を余儀なくされそれでも存続をしてまいりましたがここに来てのコンビニからのエロ本除外のニュースに伴いほぼコンビニで売っている俺の旅は休刊をすることになりました。普通の週刊誌の記事や写真などとどこにも遜色ないよう見受けられますが、18禁という括りなのでしょうか。エロ本がコンビニから無くなることに対しては生きていく上でなにも困ることはありません。しかし、その中にいた編集者、ライター、カメラマン、無論、出版社は大打撃です。その中にいた1人としてコンビニからエロ本の排除はどうしても世論の嫌がらせとしか思えなく業を煮やしております。この先、もっといろいろな部分が削られてゆき、世知辛くなっていくと思うと胸が痛みます。

10 誰の目にも触れられる場所に晒しておくものではない

上坂和子
タイ／自営業（日本家庭料理の総菜店）／52／女子

日本人男性もしくは日本に生まれ育った異性愛男性は「エロ中毒」なのだと思う。日本国中、どこに行っても女性を性的に消費する「エロ」で溢れている。こういう事が当たり前の世界に長年暮らしているので、こういうものを欲しない同性愛者の男性などは、余計、住みにくく感じるのではないかと思う。「エロ」は「エロ」で公共の場所ではない、人の目のあまり届かない場所で、愉しんでいれば良い。わざわざ、誰の目にも触れられる場所に晒しておくものではない。

11 絶滅するのだなと思うと少しさびしい

桜でんぶ
長崎県／会社員／31／女性

実際見たことはないのだが、深夜のコンビニで「弁当・缶ビール・エロ本（ついでにタバコ）」を買う人間が平成で絶滅するのだなと思うと少しさびしい。

12 売れないエロ本がなぜこうも陳列されているのかは不思議だった

あい
大阪府／会社員／34／女性

一度だけエロ本を読んだことがある。小学校の帰り道。捨てられ、ボロボロになったエロ本を誰かが見つけ、騒ぎながらみんなと読んだのだ。それ以来、コンビニアルバイトをしていた時でもエロ本を読んだことはなかった。アルバイト時、雑誌の埃を払いながら、コンビニでこんなものを買う人がいるのだろうかと思いながら働いた。エロ本を買う人はいた。しかしそれはお弁当やコーヒーを買う人よりもはるかに少なく、一年間のコンビニアルバイト生活で一度しかなかった。私の勤めていたコンビニは繁華街で居酒屋もホストクラブもキャバクラも近くにあるような界隈だった。そんな中でも、なかなか売れないエロ本がなぜこうも陳列されているのかは不思議だった。

コンビニからエロ本がなくなるという話題になった時、ネット上では生理用品も不快だから無くして欲しいという声がまことしやかに散見された。その意見が本当だったとしても、元コンビニアルバイトからの意見はコンビニに必要なものは生理用品だ。なぜなら生理用品は衛生品で、それがないと生活ができない。そして生理用品を買う人は昼でも夜でも必要になれば買っていく。欲しいものがあれば一緒にお弁当も買うし、お茶やスイーツも買ってくれる（生理用品を買ってトイレを借りた後、ゆっくりと買い物をしてくれた）。反対にエロ本を買っていった人はエロ本しか買わなかった。真昼のコンビニで、カウンターにエロ本を載せたのはスーツを着た男性だった。私は無表情でレジ処理をしてエロ本を渡した。その人は二度と来なかった。一度しか来ない客のためのエロ本がそんなに必要だろうか？　売上に貢献しない、客単価を上げてくれるわけでもないエロ本。時にはビニールを破ってイタズラされ、仕事を増やすだけのエロ本。そんなものが必要だろうか？　答えは否だ。

最近、コンビニの24時間営業を疑問視する記事が発表された。そこにあったコンビニ大手が24時間営業を推進する理由は『インフラ整備』のためだった。エロ本はインフラではない。もしインフラなら、お弁当とまではいかないが、せめて月に一度でも誰かが買っていってもいいだろう。そうなっていないのなら、『エロ本』は生活になくても困るものではないのだ。私がエロ本を見たのは一度だけ。そして今後も見ないだろう。性欲がないわけではない。それをコントロールするためにエロ本を必要としていないからだ。

13 こんな社会でほんとにごめんね、全然子どもが守られてないよね

おだんご
奈良県／主婦／44／女性

やっとなくなる…もう我慢しなくていいんだ。日本のそういうとこも嫌だと言って海外移住した友達、おーいもうすぐなくなるんだってよーコンビニエロ本、まだ世界基準じゃないかもしれないけど、ちょっと進歩だよ、あ、電車のつり広告に公教育？それもあったね、うん…やっぱりそっちにいたほうがいいね子育てするには。いちいち闘うのも耐え続けるのも余計な労力使うのしんどいもんね。

幼い娘とお友達をコンビニトイレに連れて行く時の、背中で本を隠しながら待ってなきゃいけない時のあのいたたまれなさ。あーごめんね女の子たち、こんな社会でほんとにごめんね、全然子ども

が守られてないよね。なんでゾーニングなんて簡単なことすらできてなかったんだろね。こんな性差別にいつのまに私は慣れちゃってたんだろうなー。

14 もともとあった事、無くす事を議論する事自体がおかしかった

菅原清美
大阪府／ヒプノセラピスト／40／女性

毎日コンビニを利用しますが、意識せずともエロ本コーナーは横目で見てしまいます。男性からしたら「意識してんじゃん笑」と思うでしょう。女性からしたら無意識でコンビニ入ったのに日常に突然現れる同じ女性のショッキングな姿と煽り文句にいきなり意識を持っていかれるものです。

表紙には綺麗なおばさんが誘うようなあられもない姿。タイトルに「五十路妻」とありました。幼少期から痴漢にあい、40歳になった今も街で変なおっさんから突然、性的な声を浴びせられます。電車でじいさんから手のひらを撫でられるという痴漢にも最近あいました。

コンビニでエロ本を見て「50歳になってもまだ男の性欲から解放されないのかよ！　骨までしゃぶる気か！」と感じました。エロ本コーナーなくなって嬉しい。もともとあった事、無くす事を議論する事自体がおかしかったと思います。

15 娘が異常に興味持っちゃってどうしてくれんの

しづこ
岡山県／3児の母、主婦／40／女

コンビニからエロ本がなくなるということを知った。嬉しい。嬉しくて安堵して心が震えた。娘が物心ついた頃から、ずっとずっとコンビニのトイレを借りるのが嫌だった。トイレを借りる時には、必ずエロ本の前を通るから。「おっぱいだねぇ」ってニコニコしながら言ってる2歳の頃は、まだ大丈夫だった。「なんで、おっぱい出してるのかなぁ？」って聞かれた4歳の頃から、どうにかしてくれと思い始めた。立ち止まって何も言わず、じーっと見るようになった7歳で、もうダメだ！と背中に汗が滲むような思いがした。表紙にある字も読んでいるだろう、頭の中で何を思っているのか、かといって見ちゃダメよと言うのもおかしい。見ちゃダメなものが、誰でも見られるところになぜ置いてあるのか。

別に汚らわしいとかそういうことじゃなくて、だったら男性器の写真が表紙の本も置けとかでもなくて、普段テレビ見てても、ＡＶのＣＭは流れないでしょうよっていうか、娘が異常に興味持っちゃってどうしてくれんのっていうか、どうにも説明出来ない苛立ちから、解放されるのだと思うと本当に心の底から、嬉しい！

16 エロ本コーナーに立つ男性も怖くて仕方ありません

るる
埼玉県／歯医者受付／24／女性

コンビニからエロ本がなくなるというニュースをテレビで見て、とても安心しました。

小学生の時はコンビニには親と一緒に行っていて親に近づいちゃダメとエロ本コーナーを通らないようにさせられていました。親戚のおじさんとコンビニに行った時もエロ本コーナーを通って行こうとすると、絶対に通るな、見ちゃダメだ近づくな！　とすごい気迫で怒られたのを覚えています。

中学生になって友達とコンビニを利用するようになり、親に止められることもないので普通に雑誌コーナーを通っていて衝撃を受けました。女の人が体を露出している本の表紙にビックリしたのと、女の人って男の人にとっては、こういう存在なの？　え、どうしてなの？　なんで？　なんで？　怖い、なんで、みんな普通なの？　どうして誰も何も言わないの？　人が体をこんなふうに出してる写真だらけでなんでみんな何も言わないの？　という疑問と違和感と気持ち悪いという気持ちと、学校の男の子もそうなの？　こういう目で女の人を見てるの？　やだ、怖いという恐怖が心の中を頭の中をグルグルとめぐっていきました。

今でも気持ち悪さと違和感と怖さが残ったままです。職場近くのコンビニのエロ本コーナーに立つ

男性も怖くて仕方ありません。性的に搾取されるということを直接言われたわけでもなく、そういう経験がなくても、コンビニにエロ本コーナーがある時点で、イヤでも知らされるので、なくなってとても安心しています。姉の赤ちゃんが生まれる前にエロ本コーナーがなくなって本当に良かったと思っています。

17 それは父の言葉のような、ほんの一握りの肯定

山本貫太
東京都／大学生／22／男

とにかく、早急に、エロが欲しい。男にはそういう日がある。日というより、時と表現する方が適切かもしれない。性欲が三大欲求などと呼ばれ、食欲や睡眠欲と比べられることに正直僕は納得していない。むしろ、腹痛だとか頭痛だとか、そういう突発性の痛みに性欲は近い。数分前まで、自分の顎を触りながらぼんやり「髭が伸びてきたな」と考えていたというのに、突然「エロエロエロ」と頭の中を支配されてしまうのだ。その症状の特効薬はもちろんエロである。

ある日、僕は強烈な性欲に襲われていた。スマートフォンの小さい画面でセコセコ見るようなジャンクなエロでは到底太刀打ちできないほどの。しかし、時刻は午前三時。近くのレンタルビデオ店は既に閉店している。「こうなったら、コンビニに行くしかない」コンビニには常にエロがあった。二十四時間、いつでもあった。小さいころ、マンガを立ち読みしながら、僕はこっそりエロ本を覗き見ていた。恥ずかしさからか、教育からか、そのところはわからないが、小さいころの僕は「エロ＝悪」だと思っていた。そして、その悪が着実に自分の中に芽生え、育ちつつあることに、どこか罪悪感を抱いていた。性欲とは隠さなければいけない、キモチワルイ、持っていてはいけない欲求だと僕は思っていた。

でも、そんな価値観は変わった。小学五年生だった僕が怪我で入院した時のことだ。「ひまそうだなあ」そんなことを言いながら見舞いに来た父はなぜかエロ本を持っていた。「思っていたより元気そうだ」などと僕と話をしつつ、ペラペラとエロ本をめくり「お、袋とじ」とか「おっぱいでかいなあ」とかいちいち説明してきた。「やめてよ、キモチワルイ」僕がそう言うと父は笑った。「エロは別にキモチワルイことじゃない。普通のことだ」父は見舞いを終えると、そのエロ本を病室に置いていった。「見てもいいぞー」と言い残して。絶対見るものか、と思いながらも、こっそり手を伸ばし、ペラペラとめくってしまった。しかし、不思議と罪悪感はなかった。

コンビニにエロ本が置いてある。それは男性が持つ性欲を食欲や、トイレや、女性の生理などと同じくらい普通として扱ってくれている証明だ。いつ行っても、ある。それは父の言葉のような、ほんの一握りの肯定だ。たとえ、最初は覗き見ることしかできなくとも、エロ本がそこにあるというだけで救われる日がきっとくる。

18 エロ本を消し去る事は、性差別の軽減に本当に繋がるか

冬
神奈川県／学生／21／女

コンビニのエロ本は、ある意味一番身近で、簡単に触れられる、性的なモノなような気がする。誰でも利用できるコンビニにエロい本が置いてあること、私はそこまで悪だとは思ってない。性は誰にとっても切り離せない重要な話題だと思うから。でも、エロ本の内容が女性蔑視的だというのもすごく理解できる。犯罪であることも、エロ本の中では当たり前に興奮材料として存在してる。ただ、ちゃんと考えたいのは「エロ本を見える所から消し去る事」は、性差別を軽減する事に本当に繋がっているのだろうか、という事。（他人の性癖に口を出すものではないけど、）女性蔑視的な内容が興奮を煽るものではなくて、人権侵害だという共通認識を多くの人が持つ事が重要なはず。エロ本がなくなることはそれに繋がることなのか、反対しているわけではないけれど、少し斜めの方向に見切発車しているのではないかと考えてしまう。

エッセイ

1

コンビニのエロ本は誰のエロなのか

小川たまか
ライター

「コンビニでエロ本を売ってる日本、海外から見たら変だよって言われることもあるらしいけれど、それは日本の文化だからいいんじゃない？　日本のエロって、明るいんだよ」

少なくとも23～4歳頃まで、私はそんな風に思っていた。当時、都内の私立大学に通う大学院生。専攻は近世文学、北斎や英泉の春画を見るのが好きで、遊郭の交情を綴った洒落本が好きだった。

それから約15年経った今、コンビニからエロ本が撤去されるニュースを聞いて、せいせいしている。なんでこんな風に気持ちが変化したのか。ぽつぽつと振り返ってみたい。

そもそも、自分には性欲があることは小学校の頃から自覚していた。家の近くにあったお蕎麦屋さんに家族で行ったときのこと。漫画雑誌が置いてあって、毎週姉が買ってくる「少年ジャンプ」ではなかったので読んでみたら突然、女子高生が服を剝ぎ取られて脅えている場面だった。「胸を触るのがエッチなら、下を触ったらどうなのかな？」みたいな男のセリフがあったと記憶している。隣には親が座っている。「こんなのは見たらいけない」と思いつつ、蕎麦が来るまでの数分間、目が離せなかった。

中学時代、家に遊びに来た友達に「エルティーン」（←知らない人は検索してください）を発見されて「やばい」と焦った。性欲の強弱を人と比べることなどできないけれど、なんとなく自分は他の子よりも性欲旺盛なのではないかと不安に思っていた。男子から「小川は生徒会とかやって真面目っぽいけど実は一番エロいこと考えてそう」と言われたときは笑ってごまかした。ごまかせていたのかどうかはわからない。

高校に入って状況が変わった。ちょっとどうかと思うぐらい自由な校風の都立高。新しくできた女友達は、賢くて元気で下ネタ好きだった。私はそのコミュニティーの中で、自分に性欲があることを前みたいに隠さなくてよくなった。彼氏とどこまでいったか、みたいな話は定番。生殖器に生える毛の処理や胸部の形状、それらの悩みについて話せる雰囲気もあったし、女子に性的好奇心があるのは何もおかしいことじゃなかった。「え、毎日するよね？」と自慰行為の話をする子もいた。

通学電車では毎日のように痴漢との闘いがあったものの、高校の、教室や部室という狭い世界の中では、私たちの性は私たちのものだった。誰かにこうだと決めつけられることがなかった。

大学に入学してすぐに、高校は楽園であり温室だったと悟った。私は女子だけで活動するスポーツ系サークルに入った。自覚していなかったけれど、たぶんそれはささやかな抵抗だったのだと思う。「男子部員20人、女子マネージャー20人で活動しています！」とか、「サークル内で3女4女（3年次4年次の女子）はババア」的なカルチャーへの。合コンは嫌いじゃなかったが、ときどき出会う「女の子は下ネタとかあんまり話さない方がいいよ」といった言説に困惑した。

それでもまだ学生時代は守られていたし、無知だった。だからだろう。当時ハマっていた江戸時代の文化的背景を現代に持ち込んで解釈するだけでコンビニエロ本問題をわかった気になっていた。

社会人になった。出版業界は自称変わり者や自称はみ出し者が多い。常識なんて知らないよ、既存の価値観にはとらわれないよ風なのに、性に関しては古風な人を随分見た。

あるエロ本の編集者と話していたとき、「イったことある?」と聞かれたので、「えっ、あります」と即答したことがある。しかし彼は、まるで私の返答が聞こえなかったかのように、「女がイクとはどういうことなのか」について自説開陳オナニーを始めた。「イクときって、今のがイッたのかも?って曖昧な感じじゃなくて、はっきりとわかるものだよ」と優しい表情でこすり続け、「たまかサンも、いつかイケるといいね」でフィニッシュ。

5歳年上の彼が何をもって私を「イッたことのない女」と判断したのか、今に至るまでわからない。こういう、年上の男性から「女の性」について一方的に指南される経験が何度もあった。曰く「女は30代後半から性欲旺盛になる」、曰く「女は生理前にセックスしたくなる生き物」、曰く「頭のいい女ほど淫乱だから、俺は頭のいい女が好きなんだ」。他にも、「あの子の方が君より何倍もセックス経験がある。男はそういうのわかるんだよ」とか。

30歳を過ぎて、性暴力の記事を書き始めてからはわかりやすかった。クソリプの中の何割かは必ず「女に男の性欲がわかるか!」という激昂なのである。彼らは、女には性欲がないか、もしくは男に比べて圧倒的に性欲が弱いと思っている。そして、男に性的な娯楽が提供されるのは当然であり、女のそれがごく限定的であって当然だと思っている。女がポルノを嫌うのは、女に性欲がないからだと思っている。違う違う、そうじゃ、そうじゃない。少なくとも私にとってはそうじゃない。

昔の私は、コンビニのエロ本は広く万人に開かれたエロだと錯覚していた。主に男性向けだけれど、それがエロのすべて。それを老若男女が求めていいのだと思っていたから許せた。笑っていられた。主に高校時代の友人関係に恵まれたせいで、私は女の性欲が無視されていることにだいぶ無頓着だった(今になって思えば、世の中のエロの大半は、異性愛男性の考えるエロである)。

コンビニのエロ本コーナーに「男性専用棚」と書かれているわけではない。成人女性がコンビニでエロ本を買うことは、法律や条例で禁止されているわけではない。でも実際は？　男の、男による、男のためのエロ本がそこにある。

コンビニの棚に並んでいるのが、脱がされている女性の写真や「隠撮スペシャル」「流出素人リアルエロ」「絶対ナマナカ！」「人妻の尻の奥が見たい！」といった見出しではなくて、「挿入にこだわらないこれからのエロ」「60代カップルのラブラブセックス」「産後夫婦に聞いた、セックス再開後の体位は？」みたいな「エロ本」だったとしたら。私は撤去のニュースをむしろ悲しんだかもしれない。男の性欲を、汚く、凶暴で、一方的に女体を消費するだけのものに見せてきたのは、一体誰なのか。過激であるほど良い、アンモラルであるほど良いの方向にしか進めなかったのはなぜなのか。お行儀の良いエロしか許さぬとかそういうことじゃない。性を楽しむより、もはやPTAから怒られる目的のほうが強いんじゃないかと思えるような見出しをコンビニに並べ、撤去が決まったあとになっても、あれがもっとも一般的なエロであることが前提かのように議論が進められる。それがちょっとよくわからない。

ゴーギャン風に言うと、私たちのエロはどこから来たのか。私たちのエロは何なのか。私たちのエロはどこへ行くのか。どれだけの人が、真剣に考えたことがあるだろうか。ただ漫然と、与えられたものだけを「エロ」と思っていたのでは？「俺たちのエロ」を知ったかぶりして押しつけないでほしい。

コンビニからエロ本が撤去されたら、そこでしかエロを手に入れられなかった高齢男性が気の毒という意見があるそうだ。高齢女性のことも少し考えてあげて。彼女たちの、最初から性欲なんてないことにされてきた人生のことを。

エッセイ

2

コンビニから女のエロがなくなった日

北原みのり
作家

エロ本があたりまえのようにコンビニに売られていた平成初期、コンビニには〝女性向け〟エロ本も並んでいた。女性漫画家による濃厚な性表現で一時代を築いた「アムール」といったレディコミや、「AV男優とセックスしたい人募集！」といった企画が話題だった〝女性向け〟エロ本が書棚に並んでいた……はずだ……。記しながら急に自信がなくなる。2019年コンビニから成人向け雑誌がなくなることに祝福気分でいる私からは、連載していたエロ本（女性向け）を立ち読みし「売れますように」と願っていた自分が別人のように遠く、コンビニで女性向けエロ本が売られていたなんて、記憶をねつ造していやしないかと、少し不安になっている。

いや、確かに、売られていた！　90年代中盤、女性向けポルノは商業的に凄まじい勢いで広がっていた。女性も男性と同じように、ポルノ消費の主体になれる、そのこと自体がニュースだったし、96年私が女性向けセックスグッズショップをはじめたのも、そんな時代の背景があったからに他ならない。

全否定するわけではないが、やはり鈍さに支えられた時代だったと、振り返って思う。例えば「援助交際」という言葉で語られたのは、少女買春する男の問題ではなく、性的自己決定権を行使する女の子の革命の物語だった。平成の入り口の時代、それほど女性の性は抑圧されていたとも言えるし、「強く自由な女」という新しい物語を社会が欲していたのかもしれない。

そんな気分が急速に失せたのはいつだったのか。女性向けエロ本がコンビニから消えた日のことを明確に覚えているわけではないが、「廃刊です。コンビニに入れないのが痛い」と、編集者がぼやいていたのは記憶している。石原都政のもと、コンビニでのエロ本ゾーニングが始まる時期の少し前だったと思うが、あっという間に女性向けはコンビニから姿を消した。男性向けがゾーニングされ、袋綴じされる一方で、女性向けは瞬殺されたといってもいい。以降、コンビニで女性向けエロ本が売られることはなく、それどころかまるで最初からコンビニに女性向けエロ本など存在していなかったように2019年の日本はある。

性差別は、社会構造に組み込まれ日々再生産されていく。だから目の前の性差別だけを追いかけていては、追いつかないどころか敵を間違えてしまうことがある。そんなことを考えながらコンビニにおけるエロ本史を考えている。女性向けエロの確立を目指した90年代に背中を押され、女性向けエロ本だけが排除された2000年代に「不公平」だと私は怒った。

では今の時代、「全てのセクシュアリティに向けたエロ本が置かれるべき」という方向にいくべきだろうか、それともコンビニからエロ本をなくすべきか。この二択であれば私は当然、エロ本排除に一票を投じたい。その理由は明確だ。

数年前、赤ちゃん連れで旅行に出た女性が、コンビニでオムツが売られていないことにSNSで悲痛な声をあげたことがある。その時、私は初めて、はじかれるように気がつかされた。そうだったのか、男性向けエロの対は女性向けエロではなかったのか。それは、赤ちゃんのオムツなのだったのだ、と。

改めて考えてみるまでもなく、日本社会は男性の射精環境を整え過ぎている。首都圏駅前にたいていあるDVDを鑑賞するための個室、ネットですぐに買えるセックス、秋葉原の街を埋める二次元幼女エロポスター、多種多様に細分化された風俗店の看板の数々。そのような環境は、性暴力を受けた者が声を上げれば全力で叩き、性暴力表現に異議を唱えれば「表現の自由」とか「自己決定」をもっともらしく持ち出しフェミニストを嘲笑する空気と同じ社会構造にある。コンビニのエロ本とは、そのような構造を支える柱の1つのようなものだろう。男性向けの横に女性向けエロを持ってきて並べたくらいでバランスが取れるはずもないほど、私たち女性は何ももっていないのだ。

ないことに気がつかないほど、ないことが当たり前になってしまっているものをあげたら切りがない。安価に迅速に手に入れられるアフターピル、性暴力被害を信頼して訴えられる制度、安心な中絶方法、経済的不安なく妊娠・出産できる環境……。少し前に、コンビニのトイレに捨てられた胎児のことがニュースになっていたけれど、女性が子を産み捨てなければいけない状況を想像するのは、そう難しいことではない。男性の射精文化・産業が日常化・環境化される一方、女性に必要なものがない。性に関して、全くない。私たちの置かれている状況は、笑ってしまうほど砂漠、または地獄。

コンビニでエロ本がなくなる2019年。この原稿を書いているとき、阪急メンズでTENGAの常設店がオープンしたニュースが流れた。ショップの様子が写真で流れてくる。レインボーをかかげ、愛をかかげ、「性を表通りに」を標語にした男性向けオナニーグッズがデパートで売られる日。そのことを私は男性と一緒に、新しい性の文化が生まれた日と喜ぶべきなのか。それともこれはまた違う落とし穴なのかと、警戒するべきか。女性向けセックスグッズが同じようにデパートで置かれたらOKなのか。だけどなぜ、男モノが常に先なのか。男の射精グッズの「表通り化」は、コンビニから男性向けエロ本が消えることと、どのように連なっているのか。そんなことを考えながら、コンビニの棚からエロ本が消える夏を、今は待つ。未来の世界からみたら、この年が、性差別社会を過去にするための一歩であったと、記憶されることを願いつつ。

エッセイ

3

必要とする人、必要とされる場所

伊野尾宏之
書店店長

毎月17日発売の、「メガストア」というアダルトゲーム雑誌を必ず朝イチで買いに来る男性のお客様がいた。

20代後半から30代前半くらいの会社員ぽい男性だった。

男性は入店するとアダルト雑誌コーナーに一直線で向かい、「メガストア」を手に取り、そのままレジで会計する。他の本は一切見ない。見た目も所作もビシッとしていて、仕事ができそうな人だった。

彼の持つ立派なビジネスバッグの中にわりとハードな内容のアダルトゲーム雑誌が入ってるなんて、まず普通は想像できないだろうなと思った。

毎月、自転車に乗って熟女雑誌を買いに来ていたおじさんがいた。

おじさんはおそらく50代後半から60代くらい、夏はランニング、冬は「モルツ」というビールのジャンパーを着てやってくる。

おじさんが買うのは「熟女画報」か「熟女専科」

という アダルト雑誌のどちらかで、売場で二つの雑誌をしばらく吟味してから「うん、こっちにしよう」みたいなことをつぶやいてレジに持ってくる。

あるとき、おじさんがレジで会計していると「お、これから景気が良くなるな」と謎の予言をした。

私はつい「どうしてですか?」と聞いてしまった。

するとおじさんは「熟女画報」の表紙に写ってる女性を指差し、「ほら、ブサイクだろう。景気が悪くなると美人が出てくるんだ。このところブサイクが続いてるから、きっと景気がよくなるぞ」という、わかるようでよくわからない経済理論を展開した。

呆気にとられつつ、おじさんは表紙のモデルさんが「ブサイク」であっても買ってくれるんだな……ということに気を取られた。

二つとも2000年代半ばくらいの頃の話だ。会社員男性も、おじさんももう店には来ない。

私が本屋で働き始めた1999年の頃は雑誌がよく売れた。

当時はまだほとんどの本屋にアダルト誌があったように思う。

そして本当によく売れた。

「ベストビデオ」というアダルトビデオを紹介する雑誌が30冊くらい届き、「こんなにいる?」と思いながら並べるとみるみる減っていき、1か月経つころにはほぼ完売していた。

かと思えば中高生がこちらの様子をうかがいながら中を見てたり万引きしようと画策したり、面倒くさい商品でもあった。

機運が変わったのは、アダルト誌の付録にDVDが付くようになった頃からだ。

DVDが付録について500円程度だった「DMMマガジン」という雑誌が爆発的に売れて、そこから次第に「DVDがついてないアダルト雑誌は売れない」というフェーズに変わっていった。

そして少しずつ熟女雑誌が増えていき、「美少女」などを売りにした若者向けアダルト誌が消えていった。

同じころ、東京都の「不健全図書」販売規制が厳しくなった。

書店でアダルト誌を扱う場合は「他の書棚から隔離し、アダルトコーナーとしてわかるように明示する」もしくは「青少年が手に取れないよう高さ××センチより上に置く」（確か1メートル60センチとかそれぐらい）「青少年が中を見られないようビニール包装または紐で縛る」といった陳列方法が義務付けられるようになった。

アダルト誌には中を見られないよう青いビニールテープで止めてあるものがあるが、それはこの東京都の規制が始まってから出現した。

このあたりからアダルト雑誌は少しずつ売れなくなった。

そして2009年、私はついに売り場を改装してアダルト雑誌を外す。

雑誌の売上は若干減ったが、代わりに入れた書籍なども売れていたのであまり気になることはなかった。

「コンビニがエロ本を撤去する」というニュースを聞いた時に感じたのは「うちが扱いをやめたこの10年の間も、コンビニは着実にアダルト誌を販売していたんだな」という感覚だった。

コンビニは全国津々浦々にあるので、推測になるが「もう全然売れない」店と「少しは売れる」「確実に売れていく」店が混在していて、チェーン全体としては「売れる方」をずっと切れなかったんだろうな、と思っている。

でも、そんなコンビニ本部の懊悩も過去のものになろうとしている。

知らない街を歩いてると、もう何十年も営業していて看板も薄汚れていて、白色蛍光灯で照らされた店内にあるのは大半雑誌、という「昔ながらの本屋の成れの果て」のような店を見つけることがある。

中に入ると、たいがいお客は誰もいない。

よく見ると店内の雑誌の大半はアダルト誌だっ

たりする。

そういうところにいると私は自分の立っているところが「そうならなかった未来」なのか、「これからなる未来」なのか、わからなくなる。

私の本屋もいつこうなってもおかしくなかった。

結果としてアダルト誌がなくなった自分の店と、アダルト誌だらけになったこの店。

実はそれほど離れてはいない。

レジには私よりも一世代上の中年女性が座っている。

彼女がこの店をどう思っているのかはわからない。

でもこれは求めてるお客さんがいるからこうなってるはずだ。

そういうお客さんがいるから続いてるはずだ。

それを伝えたいと思うが、上手く言葉にすることができなくて、私は無言でその店を出る。

「コンビニからエロ本がなくなること」
について、コンビニ各社へ
お尋ねしました。

中止する側の意図も改めて訊いておきたいと、
コンビニエンスストアチェーン4社へアンケートをお願いしました。
その回答を掲載します。(掲載は回答順)

質問

(1) 成人向け雑誌販売中止の決定はいつ・
どのような理由で決定されたか、改めて伺えますか。
(2) 販売中止の決定は、女性や子供にも配慮してなされたものですか。
(3) これまで店舗に成人向け雑誌が置かれていることに対し、
ユーザーからクレーム、要望等の問い合わせはありましたか。
それはどのようなものでしたか。
(4) 販売中止に関して、社内でどのような話し合い/議論が
なされましたか。
(5) すでに販売中止した店舗で、売上に影響はありましたか。
また、中止に関して実際に利用者から反応はありましたか。

(1) 社会環境が変化する中で、セブン-イレブンをご利用になるお客様の層も大きく変わってきています。女性のお客様や小さなお子様、年配の方等、一人でも多くの方に安心して、気持ちよくお買物ができる環境づくりの一環で今回の判断に至りました。健全な青少年育成及び社会形成を図る為、また当該商品分類の取扱高の減少を精査した結果、19年上期(8月末)をもって、成人向け雑誌の納品を一部店舗を除く全国の店舗で停止します。

(2) 右記にも記載していますが、実施に至った主な理由は、女性のお客様や小さなお子様、年配の方等、一人でも多くの方に安心して、気持ちよくお買物ができる環境づくりをする為です。

セブン-イレブン

(セブン&アイ・ホールディングス)

(3) 成人向け雑誌についてのご意見は年々増加しておりました。

(4) 社会環境の変化や、お客様からのご意見、該当分類の取り扱い高の減少等、様々な視点で協議してまいりました。

(5) 売上についてはもともと全体の1%以下でもあり、大きな影響はないと考えています。雑誌売場についても陳列スペースを減らすことなく、雑誌分類で売れている商品の拡大や他店にはない差別化商品の開発等で売上の拡大を図ってまいります。お客様・加盟店含め好意的なご意見が多くで、否定的な反応はほとんどございませんでした。

ミニストップ

(1)　2017年に決定しました。当初、弊社本社がある千葉市より成人誌の目隠し対応等の依頼を受けましたが、それは作業負担等を鑑みお断りいたしました。しかし、この働きかけをきっかけに、さまざまな検討を重ね、お客さまが安心してご利用いただける店舗を実現することが第一の使命と考え、成人誌の取り扱い中止を決定いたしました。

(2)　はい。そうです。

(3)　ございました。

(4)　さまざまな議論を交わして決定いたしました。

(5)　売上に関しては、さまざまな要因があり、一概に成人誌をなくしたからとは言いがたいです。

要因

- 雑誌の販売自体が下がっている
- 以前から経営者の判断により取り扱いを中止している店舗あり
- 雑誌売場の縮小
- 中止に関してのお客さまからのお声の割合は、賛成：8割、反対：1割、ご意見：1割でした。中止後も好意的なご意見を多くいただいております。

ファミリーマート

(1)　2018年4月より直営を含む約2000店で取り扱いを中止しておりましたが、2019年1月に女性やお子さまのお客様に、安心してお買い物をしていただける店舗づくりをさらに進めるとともに、2020年のオリンピック・パラリンピック、2025年の大阪万博等の開催を控え訪日外国人の大幅に増加していること等を踏まえ、2019年8月末日をもちまして、原則、全国のファミリーマート店舗にて「成人向け雑誌」の販売を中止することを決定いたしました。

(2)　女性やお子さまのお客様に、安心してお買い物

（1）（2）女性、子ども、海外からのお客様も含め、全てのお客様がご来店して頂きやすくするためです。

（3）女性のお客様から、成人向けの雑誌を子供に見せたくない、というお声を頂いたことがあります。

（4）ローソンは、お客様のご要望にお応えした新しいお店づくりを目指しております。その中で、どのようなことができるか検討する中の一つが、成人向け雑誌の取り扱い中止でした。

（5）売上はお店ごとに異なるため、一概にお伝えすることが難しいです。中止に関しては、お客様からご支持のお声を頂いたことがあります。

その他の詳細は、リリース先をご参考ください。

ニュースリリース：成人向け雑誌取扱い中止のお知らせ

２０１９年1月21日

株式会社ローソン（本社：東京都品川区、代表取締役 社長：竹増貞信）は、全国のローソン店舗（１４、５７４店：２０１８年12月末時点）で、原則全店にて２０１９年８月末までに「成人向け雑誌」（※）の取扱いを中止することを決定いたしました。これまで成人向け雑誌の取扱いは加盟店が判断していましたが、本部として成人向け雑誌の推奨を取り止めることといたしました。

ローソンは、株式会社ローソン沖縄が運営する沖縄県の全店舗（２３１店：２０１８年12月末現在）では２０１７年11月より成人向け雑誌の取扱いを中止し、お客様や加盟店のご理解を得られたことから、全国へ拡大いたします。

ローソンは今後もお客様のご要望にお応えした新しいお店づくりを目指してまいります。

（※）「成人向け雑誌」

各都道府県青少年育成条例等で定められた未成年者（18歳未満者）への販売・閲覧等の禁止に該当する雑誌及びそれらに類似する雑誌類

（一般社団法人日本フランチャイズチェーン協会のガイドラインより抜粋）

ローソン

をしていただける店舗づくりという観点からも検討を致しました。

（3）お客さまより成人誌の取り扱いや陳列についてご意見を頂くことがございました。

（4）女性やお子さまのお客様に安心してお買い物をしていただける店舗づくりなどの観点で議論致しました。

（5）個別カテゴリーの商品の売上につきましては開示を差し控えさせていただいております。取り扱い中止に関しては概ね好意的なご意見を頂いております。

コンビニに抗議できなかった話
田房永子
となりまちの高校の文化祭に遊びに行った帰り
高校のすぐ横にあるコンビニに寄ると
祭
?!
レジの目の前に成人誌コーナーがある店だった
出入り口
新聞
成人誌
雑誌
レジ
店員
しかも置いてあるのが全部
女子高生モノだった
実際の写真です
条例により18歳未満の方に対し「この棚に陳列されてあ
の販売や閲覧は禁止されておりますのでご了承ください
えええ……
えええええ
ええええ〜〜ッ
成人向け雑誌

店員から見たらこういう光景になるわけで
わざとなの？
成人向け雑
家出JK
美少JK
JKとオヤジ
無理すぎてキモすぎて
抗議したい…
黙ってたらこの光景を容認してる大人としてカウントされる。
それがつらい。
容認
最高だぜ
健全でむしろいいと思う
よく分からない
気づいてるけどどうでもいい
気づいてない
へんだと思ってます!!!
だけどコンビニの店長に直談判しても
クレーマーみたいだし勇気ない……
近所だし……
男女共同参画センターに相談という形で訴えよう!!と決めたけど
日々忙殺されてるうちに時は過ぎてしまった…
行かなきゃ
行かなきゃ……
数ヶ月後行った時
棚ができていて目かくしになっていた
雑誌棚
成人
ラインナップも女子高生だけじゃなくなっていた
棚
私
レジ
さすがに誰かが苦情出したのかな
さらに1年後（つい最近）行ってみたら棚のスキマにモノが押しこまれ
封鎖されていた
ガラーン
なにもない
成人向け
チラリと見えるだけのエロ本
成人向
むしろなぜまだおいているのか…
事情を店員さんに聞いてみよう
と思ったけど
ピッ
……
聞けなかった
勇気がなくて…
いきなりエロ本について話しかけるのってハードル高けえ〜…
そもそもコンビニでエロ本の話をしなきゃいけないこと自体がおかしいわけで……

1月のニュースから、さっそく撤退している店舗はとても多い

エッセイ

4

コンビニからエロ本がなくなる日のおとぎ話

デジスタ小保方
コンビニ売りアダルト誌編集者

エロ本業界には古くから「その者、青き衣をまといてコンビニの野に降り立つべし」という言い伝えがありました。これを、小口のテープでは足らずに1冊すっぽり覆う青いカバーをかけさせられる予言だと解釈する者もいれば、いいや青少年保護育成条例の頭文字であって、それが攻め入ってくるたとえだと読み解く者もいました。しかし大部分の者は、青はおそらくBEAMSがデザインした招致委員会のネクタイとスカーフの色で、2020年の東京オリンピック開催に合わせて店頭からエロ本が撤去されることを言っているのだと見ていました。浄化の炎が吹き荒れるだろうと覚悟していたのです（俗にいう「火の七日間」）。そのため各エロ本出版社は別路線での生き残りを模索していましたが、オリンピック云々の前にコンビニ側から取り扱い中止が発表されたのでした。わかってはいましたが、こんなにも早まろうとは……。コンビニも一商店ですから、置いておくのに見合わないと判断した商品は下げるだけの当たり前の話でした。

ともかく、すんでのところで私たち出版社デジスタの一行は脱出船に乗り込みました。そして、年々せばまってきていた成人雑誌コーナーが、一斉撤去でさらに洗い流され草一本生えていない荒涼とした風景になっているのを見たのです。ああ、これがあの沃野でしょうか。私たちはかつてここに何冊ものDVD付き雑誌を置き、たくさん稼がせてもらっていたのです。跡地はイートインや、おむつ売り場に変わっていました。そして周囲では、いくつかの団体が騒いでいるのが見えました。一部の男たちが「コンビニからエロ本がなくなるなんて……」と悲しんでいましたが、私たち乗組員にはわかっていました。おまえら別に今まで買っても読んでもいなかっただろうと。失いかかると欲しくなるという心理があります。彼らはいわば野原で拾ったエロ本を懐かしがるノスタルジーの人間でした。もしくは別れ話を切り出されると勃起するタイプでした。その気持ちはすごくよくわかりました。別れのどさくさでおっぱじまるセックスがメチャ興奮するものだと知っていたので。男女はそれでまたヨリが戻ったりしますが、エロ本はもう戻りませんでした。彼らはスマホの動画で抜いていたからです。

また別の集団が「コンビニエロ本、討ち取ったりぃ！」と勝ち鬨をあげていました。よく見るとそれは青スジを立てた女性たちでした。乗組員たちは「くわばら、くわばら」と唱えて、そこからはそっと立ち去りました。他にも「撤去は表現の自由の侵害だ」などと頓珍漢なことを言っている団体もいましたが、表現の自由も何もコンビニのエロ本こそ自主規制の塊でした。モザイクを濃くと言われれば濃く。顔射をカットと言われればカット。許される範囲で可能な限りを心がけていたつもりでしたが、いつしかその自主規制はユルくなり、DVDの中身はAVと変わらない過激さで、こんなのが町のそこら中にあるのはたしかにマズいよな……と作っている本人が思っておりました。だからコンビニのエロ本が騒がれだしたとき、「ああ世間に気づかれてしまった」と浮かんだものです。見るのを望まない人間が目にする場所に、いかがわしいものを並べるべきではないと盛り上がるには世の中がまだおおらかだった――。世間のネット回線が太くなくスマホなんてものもなく、エロ映像を手軽に手に入れるにはコンビニのDVD付き雑誌がちょうどよかった――。コンビニエロ本とは、そんなもろもろのタイミングが合わさって、平成の一時期に存在した奇跡だったのではないでしょうか（脳内美化）。平成ってまだ昭和の次でしょ？　私にとって昭和って、犬の散歩の糞が道にある、ドブ川のヘドロ、おっさんが電車内で喫煙……そんなイメージなんですが、その次の平成の代に、よろず屋にエロ本が置かれている状況もやむなしじゃないかな？　って思います。でももう大丈夫。完全撤去だから。クリーンだから。成熟した社会だから。あらかじめ終わりが予言されていた業界に、ちょうどいい幕引きのときが、平成という時代の終わりにやって来た。なんとも納得のいく区切りではないでしょうか。って何を言ってやがるんだ。そもそも売れてないから消えたのだから、負けた者は黙って去るがよい。

そんなことを思いながら、撤去の鉄砲水が流れたあとの運命の川を、エロ本はドザエモンのようにくだっていきました。水が低きに流れるように、逆らう気はありませんでした。乗り込んだのは脱出船だったのか難破船だったのかも、もうわかりません。その先はインターネットの大海原です。有象無象か魑魅魍魎か、性器まる出しなのにタダだったりする敵と、これから勝負しなければならないのです。「その者、青き衣をまといてコンビニの野に降り立つべし」意味もなくつぶやいてみましたが、ナウシカを知らない人にはチンプンカンプンなギャグでした。

レポート

エロ本の作り手にお話を伺う中で見えてきた巨大構造

清田隆之（桃山商事）

自分にエロ本を否定する資格はあるのか？

私は異性愛者の男性で、中学生のときに初めてエロ本を買って以来、人生の大半をエロ本に疑問を抱くことなく生きてきた。そんな自分にとって、「コンビニの成人向け雑誌」とは非常に語りづらいテーマだ。

普段は桃山商事というユニットで、主に女性たちの恋愛相談に耳を傾け、そこから見える恋愛とジェンダーの問題をコラムやラジオで紹介する活動を行っている。30代になってからフェミニズムに触れる機会が増え、コンビニにエロ本が置いてあることに疑問を抱くようになった。なので売り場からなくなるというニュースはとても喜ばしいことだと思っている。老若男女誰もが出入りするはずのコンビニにエロ本が堂々と売られているのは、子どもたちのジェンダー観を歪め、青少年の性的欲求をみだりに煽り、女性たちに恐怖や嫌悪感を与えかねないわけで、絶対におかしい。販売の取り止めに一点の異論もない。

しかし、である。それらはあくまで頭で理解していることであって、身体感覚を伴うものなのかといえば、そうとも言い切れない部分がある。例えばコンビニでエロ本を見かけても、「良くないよな」「いつまで置いてんだよ」とは思っても、「マジで無理！」「勘弁して！」という強い感情が湧き出てくるわけでは正直ない。それどころか、扇情的な写真についい目が奪われてしまう瞬間もあり、「お前にエロ本を否定する資格はあんの？」と脳内に厳しいツッコミの声が響きわたる。そういう自分のことを棚に上げてこの問題を語ることはできない。それが語りづらさのゆえんだ。

今回は縁あって、コンビニ販売用の成人向け雑誌を製作している出版社のKさんにお話を伺う機会をいただいた。長年エロ本制作の現場に携わってきたKさんの話も参考にしながら、自分なりにコンビニのエロ本問題について考えてみたいと思う。

コンビニがエロ本を売るために設けたややこしい建前

そもそも、コンビニのエロ本とは一体なんなのか。Kさんによれば、それは「青少年育成条例で有害と認定された〝不健全指定図書類（＝18歳以下は買えない）〟ではなく、括りとしては『ヤングマガジン』などと同じ〝青年誌〟だという。だから「成人マーク」もついておらず、法的には小学生でも買えてしまう。中身が見られないよう冊子を留めているあの青いテープも、各コンビニによる自主規制なのだ。

でも、なんだかわかるようでわからない気もする。法的にNGなら「そもそもコンビニで売っちゃいけないものだった」ということで理解できるが、どうやらそうではない。かといって、「なるほど、青年誌ね！」とすんなり納得もできない。確かに表紙にヌードが載っているわけでもなく、同じように水着のグラビアが踊る『ヤンマガ』や『プレイボーイ』と変わらないという理屈も理解できなくもないが……やはり青年誌とは明らかに違う気がするし、だったらなぜエロ本だけ売り場から撤去するのかもわからない。

Kさんはコンビニのエロ本（業界では「コンビニ本」と呼ばれている）を「表現規制が厳しい中でいっときだけ咲いた徒花」と言っていた。いわく、エロ本には大きく分けて2種類あって、ひとつが書店やアダルト専門店などに置いてある通称「書店誌」だ。成人マークつきで内容的にもハードなものが多く、基本的にコンビニでは取り扱えない。そしてもうひとつがコンビニ本で、こちらは各コンビニや取次各社が定めるガイドラインの範囲内で作られていて、内容もライトユーザー向けになっているという。「いやいや、どっちも一緒でしょ！」「そのガイドラインって何よ？」という思いは残るが、ひとまず建前上は、エロいけど厳密にはエロ本ではなく、販売にも問題はないが、他の雑誌と置く棚を分け、テープで閉じるなどの配慮もしている——という理屈になっているようだ。

だとすると、それは雑誌というより、コンビニで売るために作られた〝商品〟ということにならないだろうか。そんなややこしい建前を設けてまで、なぜコンビニはエロ本を売ってきたのか。「やっぱり儲かるからですよね」とKさんは言う。コンビニ全体の売り上げ推移はわからないが、Kさんが制作に関わってきたコンビニ本を例に取れば、最盛期の2000年代後半で、1冊で10万部売れるものも少なくなかったそうだ。当時に比べると今は3分の1程度まで落ちているというが、それでもアベレージで3万部……出版業界に身を置く人間としては羨ましさしかない数字だ。

売り上げとイメージアップを天秤にかけてみると……

では、作り手としてはどうなのだろう。

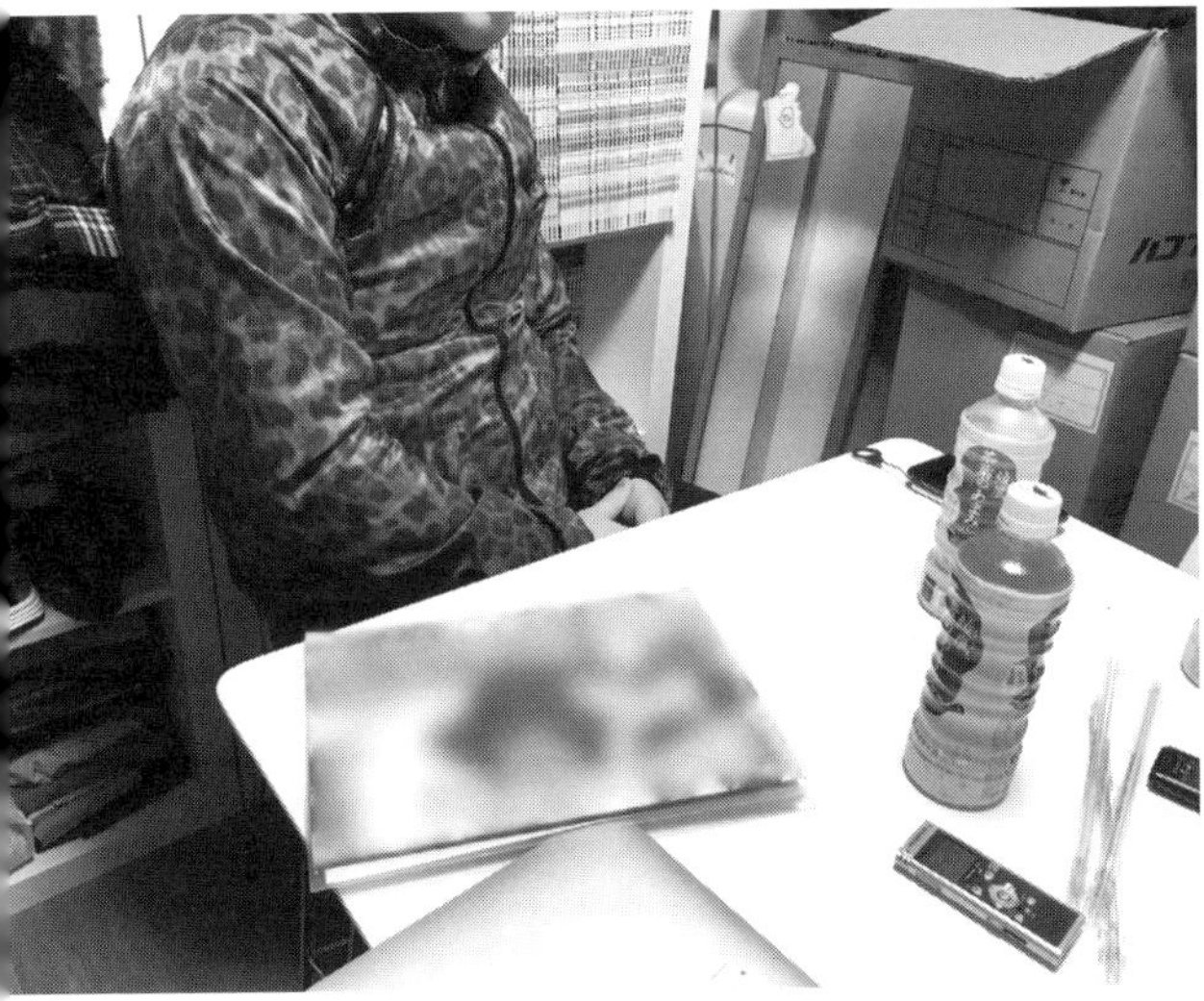

長年「エロ本」を制作してきたKさん

ガイドラインの範囲内で作るライトユーザー向けのエロ本とはどういうものなのか。

「コンビニ本はとにかく売り場ありきで、できることから逆算して作るしかないんですよ。制限が多く、例えば表紙に女子高生やフェラという言葉は使えないし（顔射やおしゃぶりはOKみたいだが……）、コンビニや取次から『もっとモザイクを濃くしろ』と言われたら従う以外道はありません。流行の変化も激しく、作りたいものより売れるものを志向せざるを得ないのが正直なところですね」（Kさん）

　いわく、売り上げの減少に伴い、制作費もどんどん下がっていった。元から低予算ではあって、例えばモデルとの絡みシーンを撮影するときは、編集者自らカメラマンも男優役もワンオペでこなしていたが、今ではさらに節約化が進み、1回の撮影でDVD3本分のシーンを撮ったり、AVメーカーから素材を借りたり、過去に撮影した写真を使い回したりして誌面や付録を構成することもある。

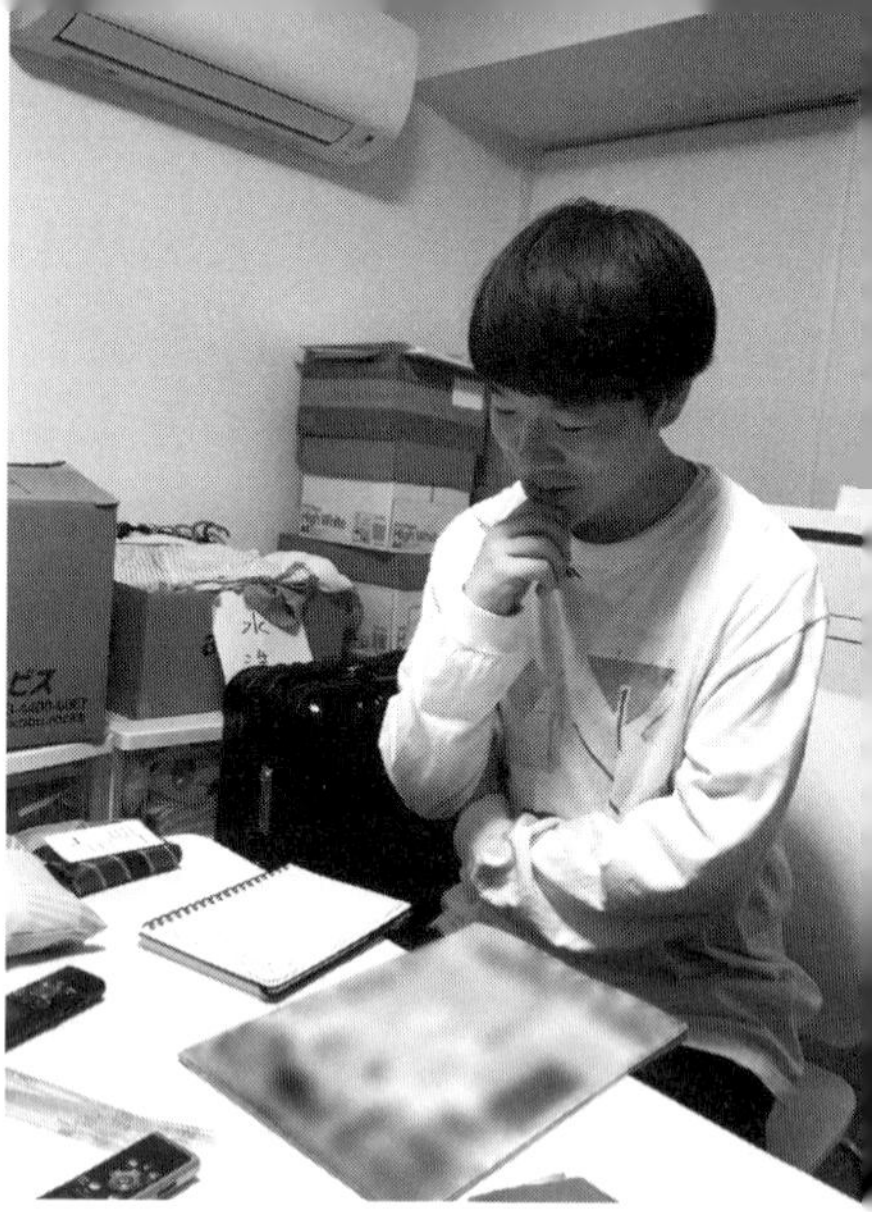
この表紙の水着写真も使い回しなのだろうか……

　また読者層も年々高齢化していて、昔は女子高生や女子大生が好まれていたのが、今はもっぱら熟女や人妻が人気だという。例えば前の雑誌では「20代人妻」として取り上げたモデルさんを、別の雑誌では「40代熟女」として登場させる。それだけで売り上げが伸びることもザラなのだそうだ。
「もちろんモデルさんを騙してるわけじゃないですよ。事前に説明するし、書面もキチンと交わします。今は雑誌用の写真やDVD用の映像だけでなく、ネットでもデータ販売しているため、様々な媒体で素材を使わせてもらう契約になっている。ギャラ含めモデルさんにはすべて了承してもらった上で仕事が始まります。そのあたりをクリーンにしておかないとすぐにつぶされてしまう商売なので……」（Kさん）

　コンビニ側のガイドラインは守っている。出演者ともしっかり書面を交わしている。騙したり、無理やり何かをさせるようなこともしていない。だとしたら、なぜコンビニはエロ本の撤去を決めたのだろうか？

「東京オリンピックのこともあるだろうし、SNSでの抗議の声が強くなってきたことも大きいとは思います。ただ、ひと昔前ならコンビニも取り下げなかったと思うんですよ。なんなら『お前らの難癖で取り下げてたまるかよ』くらいに思っていたはず。社会的な影響を気にするより、圧倒的に商売として旨みがあったからです」（Kさん）

　この言葉はとても印象的だった。本誌が行ったアンケート調査によれば、セブン‐イレブンにおける成人向け雑誌の売り上げは「全体の1％以下」だという（ローソンも同程度の規模と「KAI‐YOU」のアンケートに回答している）。1冊で3万部も売れていることを考えると、それでも小さくない数字に思えるが、個人的には、コンビニ側はその売り上げと社会的なイメージアップを天秤にかけ、後者を取った――という印象を抱いた。エロ本が撤去されるだけ前進したという見方ももちろんあるが、手放せるくらいの売り上げまで減ってきたタイミングで、さも社会正義のような顔をして撤去を決めたならば、それはちょっとエグいな……と個人的には感じてしまった。

“マジョリティ男性”たちが駆使する常套手段

Kさんに取材する前、私には「作り手としてのモラル」を問うてみたい気持ちがあった。個人的な話で恐縮だが、私の中には「年上の女性に迫られてみたい」という願望が昔からあって、それは高校生のときに繰り返し読んだエロ本の影響なのではという感覚がある（そのようなストーリーの連載企画があって、それにどハマりしてました……）。もちろん全員が全員というわけではないだろうが、思春期の青少年に強烈な影響を与えかねないものであることは確かだと思う。そのあたり、作り手としてどのように考えているのか……。そんな思いで取材にのぞんだのだった。

　しかし、話を伺う中で、関心の矛先は「コンビニのエロ本」という存在の奇妙さに移っていった。自分はコンビニ本が18禁ではなく、書店誌との区分けがあることすら知らなかった。ライトユーザー向けとして、「読者がサクッと5分で抜いて眠れるようなもの」を目指して作られるという。そこでは“男にとって都合のいいストーリー”が徹底的に志向され、それを真綿のように吸い込んでしまった一人が高校生のときの自分だった。「僕たちはモデルをいかにエロく撮影するか、読者をいかに勃起させるかしか念頭に置いておらず、読者がどんな影響を受けるかまでは考えていない。それは格闘技の選手が相手の怪我や後遺症を気にせず、目の前の敵を倒すことだけを考えてパンチやキックを繰り出すのと同じです」とKさんは語っていた。確かに自分が同じ立場でもそうすると思う。私の中には作り手のモラルを責めたい気持ちが正直あったが、それよりも、場やルールを作り、それを運用している側のほうに問題の核心があるのではないか……。

　コンビニがなぜ今までエロ本を置き、なぜこのタイミングで店頭からの撤去を決めたのかは、究極的にわからない。ただ、かつてはエロ本がかなりの利益を上げていたこと、そしてそれが「全体の売り上げの1%以下」に下がっていることは事実だ。法の目をかいくぐるようなロジックで「コンビニ本」という奇妙な商品を生み出し、世間の風潮に付和雷同していくようなルールで作り手を縛り、のらりくらりと利益を生み出しながらも、売り上げ的に大きなウエイトではなくなったタイミングで、明確な理由を示さないまま販売の取り止めを決定した（それも各社足並みを揃えて……）。このダブルスタンダードどころじゃない、何重にも織り込まれた基準によってゆらゆらと実体を現さないまま利益を得つつ責任からは巧妙に逃れていくというやり方には既視感がある。これは様々な問題における“マジョリティ男性”の常套手段ではあるまいか。そして、自分もまたその男性社会から利益を得てしまっているという点こそ、コンビニのエロ本問題に関する語りづらさの核心だったのではないかと思うに至った。

　どんな風に結論づければいいのか、自分にはさっぱりわからない。エロ本が店頭から撤去されることは喜ばしいが、それで何かを幕引きしようとしているようにも思え、モヤモヤが残る。今回はKさんのお話を伺う中で、男にエロを提供し、その仕組みを守ろうとする巨大な構造の存在がおぼろげながら見えてきた。自分もまたその一部であるという事実と向き合いながら、今後もこの巨大構造に小石を投げ続けていきたいと思う。

エッセイ

5

ややこしいわたしの棲み処によせて

ドルショック竹下
漫画家、ライター

成人向け雑誌に関わるようになったのは'02年くらいだろうか。出会い系で知り合ったセフレ（後に最初の夫となる）が、当時バブル状態だったエロ実話誌の編集者になったばかりで「ライターの知り合い少ないし、早稲田の一文なら書けるでしょ」と当時大学4年のわたしに原稿を振ってきたのがきっかけだった。「○○区の人妻はヤレる！」とか、行ったこともない土地での偽ナンパ体験等々（当然、署名なし）を書き飛ばし、ページ1万円。元夫からの発注は月2～3本で、2日ほどやる気を出して文章を書くだけで8～10万の収入になった。学生にとってはいいバイトである。

そのうちに欲が出て、趣味だった出会い系での男漁りをそのまま漫画にしちまえと創刊して間もない「漫画実話ナックルズ」に企画を持ち込んだ。エロ記事では嘘ばかり書いていたが、顔出しでペンネームを掲げるとなると俄然ガチ志向へシフトする。「挿れるもの拒まず」というタイトル（勿論このタイトルはハメ撮りライターの故・末森健氏『喰える女拒まず』のパクリである）のこの漫画連載は「男とセックスした一部始終をレポートする」というもの。こう書くと実に生意気だが、エロ実話誌に名を連ねていた平口広美氏、成田アキラ氏、山崎大紀氏らに代表される男性漫画家による風俗（テレクラ、ナンパを含む）ルポ漫画に対する一種の意趣返しだった。待合せに現れた男性の容姿・言動を貶し、男性器のサイズ（「ちんこデータ」と冠して全長と直径を表記）やベッド上での振舞い、テクニックの巧拙を云々する——。当時、女性エロライターによるルポやエッセイもあるにはあったが、「こんな過激なトコに行ってみたんですぅ」というカマトトか「汚れたアタシを今すぐ抱きしめて」という病み系か、いずれにせよ《男性＝性的優位者》という性的ファンタジーを壊さないものに限られていたように思う。わたしはフェミニズム的視点というよりは完全に「こっちの方が面白いだろう」という、ひょうきん者としての野心からこれを描いた。幸いにも歴戦の女性編集者たちが担当したため、その目論見はほぼ損なわれることなく世に頒布されることとなったが、一方で「本当は男が描いているのでは」「原作は漫画実話ナックルズの編集者に違いない」という想像をされ、評判ほどには仕事が増えなかった（あまりに原稿料が安かったため連載開始直後の年末に『これじゃ餅も買えない！』と当時ミリオン出版編集局長だった比嘉健二氏に直訴したら、何故かマイナスイオンドライヤーを現物支給されるという困窮ぶりだった）。

各方面に微妙な爪痕を残しつつ「挿れるもの…」の連載は2年半続き（昨年、大洋図書より電子書籍で刊行）、その後も『漫画実話ナックルズ』では足掛け8年ほど、ルポ漫画を連載した。その他の男性成人誌や風俗情報誌、レディースコミック誌でも、ルポ・創作含めショート漫画を描かせてもらったが、どれも評判になるほどではなく「埋め草」という立ち位置で読み捨てられていった。現在に至るまでの15年余りで、コンビニの一角を占めていたそれらの胡乱な書物たちは、自主規制によるシール貼り、ネット普及での売上減、震災による休・廃刊という憂き目を経て、とうとう撤去されるらしい。

わたしはというと、シングルマザーとしてゴールデン街のバーで働きながら、官能小説誌やネット媒体で下ネタ漫画を描き散らしている。あの頃、男性ばかりが読む前提で作られた成人誌というフィールドで男性目線をブチ壊してやろうと息巻いていたわたしだが、昨今の「女性目線」を意識したマスメディア及び企業の動向には距離を置きたい気持ちがある。下ネタ以外にさしたる能力もないくせに世の中全部をバカにしたがる「山月記」の李徴のごとく尊大な女の棲み処は、コンビニの書棚の一角にしかなかったんじゃないか。そんな風に思うからである。

19 あのブースはまさに神社のようなものだったのに

北堅太
埼玉県／ライター／22／男

僕は中高六年間男子校だった。小学生にしては珍しく、自分で望んだ中学受験だったので、男子校を志望したのも入学したのも僕自身の責任である。男子校に六年間も通うと、女子、女性との接点はなくなる。大袈裟でなく、家族以外の女性と接する機会がない。程度の差こそあれ、同級生も皆、似たり寄ったりである。

予備校に出会い目的で通うやつが出てくる。文化祭に来る女子校の生徒をナンパするやつが出てくる。僕はそこまでアグレッシブではなかったが、女子への興味はもちろんあった。そこまで強い興味ではないけれど。むっつり未満のむっつりスケべだった。

さてコンビニのエロ本だが、中学生の時に一度だけ手に取って読んだことがある。まわりのやつらも同じことをしていた。コンビニに置いてあるエロ本はまったくもってコンビニエンスではない。まずコンビニに足を運び、実際に手に取る必要がある。立ち読みしたり、レジで購入したりする場合、どうしても人の目が気になる。肝心な部分は袋綴じであったり、魅力的なものほどビニールがかかっていたり、と立ち読みにあたっての障害も多々ある。僕が中学生の時分、携帯電話は高度に発達していたし、スマートフォンも登場していた。東日本大震災の影響もあり、何かあった時のためと、中学生でも携帯あるいはスマホが持たされていた。高校にはいるにつれ、スマホ普及率もぐんぐんと伸びてきていた。ちょうどジョブスが亡くなる前後の頃で、iPhoneが1番輝いていた時期だと思う。そう、スマホがあったのだ。スマホでなくても最悪、ガラケーはあったのだ。エロへのアクセスは簡単である。エロ本では得られない動画も見れる。部屋で使えば誰に見られることもない。なのに学生はコンビニのエロ本に詣でる。現代の七不思議のひとつだ。フロンティアなき時代の若者の冒険精神が、エロ本コーナーへと本人をおびき寄せるのだろう。エロはおまけに過ぎない。

コンビニからエロ本がなくなれば、母校の後輩は、僕らのような冒険ができなくなる。エロはますますネットで拾うものになる。エロはエロでしかなくなり、ある種の神秘性はなくなる。あのブースはまさに神社のようなものだったのに。

20 無駄でしなくてもいい自主規制をするなんて

匿名
千葉県／会社員／44／男

エロ本、いや、表現の仇である女性団体とフェミニストは、「規制を実現させる力はない」ととぼけるが、お膳立てに他ならない。まるで、「私はエロやエロ本を否定してるわけではない」と唱えながら銃で撃ちまくるかのようだ。表現規制派は、性表現に抗議した後、性表現の規制を求めてるわけではないというが、ならば一切抗議しなければいいのに、抗議するのは「明日気に入らないもの(エロでも何でも)を跡形もなく消してやる」という印である。右手は握手のポーズでも左手は銃を持っている。

コンビニと出版界の姿勢も考え物だ。単に因縁を付けられてるだけなのに、無駄でしなくてもいい自主規制をするなんて、生きるのも自主規制するのか。死んでと命令されたら自分で自分の腹を刺すのか。もはや彼らは、自分で自分の腹を刺すの

コンビニからエロ本がなくなる日

投稿フォーラム

田房永子@tabusa・2月19日

コンビニからエロ本がなくなって嬉しい方、戸惑う方、エロ本制作者の方、コンビニ店員の方、その思いのたけを、ぜひ投稿してください。ぜひともみんなで、この「コンビニからエロ本がなくなる日」を歴史に刻もう！　みんなで一冊のマガジンを作りましょう！　ご協力、お願いします！

お名前／お住まいの地域／職業・肩書／年齢／性別
＊掲載は、投稿日時順です。

を妨げるな!!　と言いたげだ。彼らはアリンコと喧嘩しても負ける。

問題の核であろう曖昧な線引きには、「そんなものは自分で考えろ!!」と返されるので、庶民様だけで勝手にやるしかない。男性が好む雑誌は、半ば無条件でエロ本と見なされるし、女性の中には、性表現がなくても性的単語が1つでもあったらエロ本と見なす者もいる。だとしたら、外国のアルファベットからHを絶滅させなければならない。さもなくば、世界中の雑誌は殆どエロ本だ。エロという単語を使うエトセトラも有害指定だ。

それに対し、フェミニスト雑誌ａｎａｎは、どんな性的要素が盛り込まれても問題視されない。

特に、セックス特集もエロだと指摘しても女性は「それとこれとは別なの！！！！」と応戦するばかり。普通に贔屓であり、女性の時だけ汚いぞと言いたい。ただ、女性の命令に沿うなら、ａｎａｎ、料理本、ＮＨＫのテキストのみを本棚に置かなければ、女性から満額解答と評されないだろう。女子大生一味から殴り込みを受けたＳＰＡ！も女性が敷いたレールから脱線しない雑誌でなければ置かれないだろう。そのようにするには、最近のバラエティ番組みたいに、全ページ教育漫画や啓発漫画を思わせる内容にするしかない。誰もが丸く治まるには、男性専用コンビニと女性専用コンビニを作ればいい。ただし、ブ男が全員死んでも女性からの小言は面白いように続く。ブ男が死体と化しても、女性は銃を死体に向けて無限に発砲する。（同投稿者から同様のご意見他3通）

21 日本は変わるか？ 変われるのか？

まみねこ
千葉県／学生／27／女性

コンビニからエロ本が消える　嬉しい…信じられない…やっと……！　今まで我慢してきた目を逸らしてきた、むき出しの遠慮のない図々しい性欲　女体女体女体乳乳乳尻尻尻　猥褻でギラギラベトベトしたそれを、視界に入れぬよう上手く避けるテクニックは無意識に手に入れていた　どこかで、自分は排泄用のトイレットペーパー以下なんだと思いながら　ある日、偶然見かけた雑誌の表紙　可愛く微笑む水着の女性に書かれたコピーは #MeToo #リベンジポルノ #女子大生 #流出 #中出し みゆき（仮）　あぁダメだ もうダメだ　勇気と正義をズリネタにされた　意を決して口を開いたら全身に精液をぶっかけられた　臭いものには蓋を 金にならないものには建前を　日本は変わるか？　変われるのか？　夢でもみないとやっていけない 生きていけない　もうこんな思いはしたくない　コンビニからエロ本が消える　他には何が消えてくれる？

22 「エロ」が持つ暴力性に人々は一刻も早く気がつくべきだ

ぺそみあん
埼玉県／書店員／32／女

一体いつから「エロ＝女の身体」という図式が出来上がったのだろう。私には皆目見当もつかない程に遠い昔からなのか、と思う程に、女の身体は「エロ」と深く結び付けられている。いや、縛り付けられている。概念として人々の骨の髄にまで叩き込まれている。女男問わずそう思っている事に、何の疑いすらも持っていないのだ。そして至る所に氾濫する「エロい女体」というフィクションを浴びせられ続けた女は、それを「他者化」する事で何とか生き延びてきた。

「あのエロ本の表紙にいるのは私じゃない」「あそこで扇情的なポーズをしている広告の女性は私ではない」「あの漫画雑誌の表紙の水着を着ている少女は、私でもなければ娘でもない」「この漫画で性的対象にさせられている少女は私ではない。現実に存在すらしていない」「だから、何も問題ない」「私は気にしない」

そう思わされてきた。慣れなければ生きていけなかったからだ。いったいいつまでこんな、女性という属性への侮辱を受けながらも、それを侮辱とすら気付けない日々を続けなければいけないのか。

「エロ」と「性行為」は違う。その上で、「エロ」は「支配」であり「侵略」であると私は思っている。対象の肉体を征服し、思うままに弄び所有する為に作られた、それが「エロ」という概念だ。「エロ」が持つ暴力性に人々は一刻も早く気がつくべきだと強く思う。エロ本が一部のコンビニから撤去されつつある事は決して小さな一歩ではないが、それだけではまだ全く不十分な程そこらじゅうに「エロ＝女体」は氾濫している。強く感覚を研ぎ澄まさねばならない。この国で生まれ育ち「諦め慣れてしまった」感覚を常に研ぎ澄まし、強く思い続け怒り続けそして訴えかけなければならない。「女の身体はエロくない」と。女の身体はお前たち男の所有物ではないと。「エロ」という「支配」「侵略」「侮辱」に、私たちはもう決して犯されてはならないのだと。

23 東京に住んでいる外国人です

Soori
東京都／会社員／20代／女性

私は東京に住んでいる外国人です。いつもコンビニに行くたびに顔をしかめました。なぜ誰もが利用するお店に女性が性的対象化された成人誌が置いてあるのか疑問に思いました。ですので、取り扱い中止のニュースを聞いた時はすごく嬉しかったです。

24 人間を人間と思うか、物のように思うかという感性

宇井彩野
千葉県／ライター／33／女

コンビニでエロ本を買ったことがあります。ボーイズラブや百合の作品が好きで、エロ表現とゾーニングについて考えていた時に、実際にコンビニで売られている男性向けのエロ漫画誌がどんなものか買って読んでみようと思ったのです。レイプや暴力的な表現はそれほど多くありませんでしたが、「女性が屈辱的なことを受け入れる」という表現がかなり多くを占めているな、と感じました。屈辱＝エロという嗜好を否定はしないけれど、それが一つのマニアックな嗜好ではなくエロの主流になっているのって、一体どういうことなんだろう、という考えが頭をぐるぐるしました。

日本で育つ人が、性的なことに目覚めてエロに触れたいと思った時に、最初に入ってくる情報はどんな情報なのだろう。この社会では、人と人のコミュニケーションの中に鮮やかなエロスがあるということを知る機会の方が、少ないのではないでしょうか。もっともそれ以前に、子どもたちが人間同士のコミュニケーションの大切さを覚えるよりも多くの場面で、人を容姿や能力やステータスで測り、物と同じく商品価値のあるなしで判断することを覚える機会は、街中に溢れているように思えます。コンビニにあったような、ヘテロ男性向けのエロ本に表れているセックス観は、その反映なのかもしれません。

コンビニに堂々と女性が辱められている表紙の本が置かれている。それに全く違和感を持たない人が多くいる。それはエロへの寛容さとは別の、人間を人間と思うか、物のように思うかという感性のように思います。コンビニからエロ本がなくなることの機会に、この社会で、もう一度人間同士が交わし合う豊かなエロを表現することについて考える人が増えてもいいのでは…と思ったりします。

25 創作物に対して単なる嫌悪感で排除する考えを持たないことが大事

かう
千葉県／自営業／26／女

私は書店にいる時に限り女性向けの漫画の表紙の男性キャラの半裸が苦手です。特にBL（ボーイズラブ）やTL（ティーンズラブ）の陳列棚の前は居づらいです。でも作品は好きでよく読んでいます。そういった状況を実感すると、もしもコンビニにエロ本を陳列するように供給側が需要や商業重視で過度な表現方法を続けていたら、いつか漫画自体が発行することを禁止されてしまうのではないかと時折つらかったです。

しかし今回コンビニがエロ本の陳列をやめることによって、エロ本だけではなく漫画やアニメなど創作物の表現が一部守られたことになるのではないでしょうか？　だから私は少し安心しています。

今後の課題として私が何か提案するとしたら、創作者が大多数の目を意識した表現場所、注目の集め方への気遣いができると尚いいと思いました。

またそれは創作者だけではどうにもできないことでもあり、見る人々もエロ本だけではなく全ての表

現を守るためにも創作物に対して単なる嫌悪感で排除する考えを持たないことが大事です。

創作物の表現には商品のパッケージから映画の広報など全ての人々に身近なものが多く存在します。そしてその全ては、ひとつ残らず「誰かが傷つく可能性がある表現」です。ですから数が全ての世の中をつくってしまうことは私は反対です。「好きな人が多いからこの創作物はOK」「嫌いな人が多いからこの創作物はNG」ではなく、創作物の表現場所や大多数に対しての気遣いを意識して創作者の表現を守れるといいなと私は思いました。

26 男の私でも問題意識を抱く程度には深刻な問題だった

はじめ
東京都／学生／21／男

セブン-イレブンで約3年アルバイトとして働いています。店員として、男性として思うところを投稿させていただきました。結論から申し上げますと成人向け雑誌の陳列は即刻辞めるべきだと思っていました。第1に、痴漢、盗撮、レイプ等犯罪行為を題材にした雑誌がかなり多いことです。このような女性側の同意なく行われ、しかも現実に多くの方が被害に遭っている行為は、例えフィクションであっても嫌悪感しか抱きません。そのような嗜好がある方がいらっしゃることまで否定するつもりはありませんが、かなり広い客層を抱えるコンビニにおいて、女性を一方的にモノ扱いしているように思えるコンテンツをそのまま陳列するというのはあまりに配慮に欠けた営業ではないでしょうか。第2に、児童の目の高さより低い棚にも平然と陳列していることです。幼い子供に性的コンテンツを見せることも児童虐待にあたり、将来性依存症等の精神的影響が出るとも聞きます。そうだとすると一店員として働く私も児童虐待に加担しているのではないかと自責の念を抱かざるを得ませんでした。とはいえ所詮バイトの身、店や本部の方針に逆らうことはできません。ささやかな抵抗と称して、なるべく上の棚に固めて陳列するように心がけていました。成人誌指定されていない週刊誌でも、いたずらに性欲を刺激するような品のない見出しのあるものも同様の措置を取っていました（週刊新潮や週刊文春等の質素な表紙の雑誌はこういう時に重宝しました）。第3に、従業員の労働意欲を減退させることです。私自身上記の理由でかなりゲンナリしますし、あえて女性店員のいるレジに持って行ってその反応を楽しむといったセクハラ紛いなことを意図している方も多いと聞きます。労働力不足が問題となっている今日、従業員の労働意欲を削ぐだけの商品は営業戦略上も適切とは思えません。以上の理由から、今回のコンビニ業界の措置はかなり歓迎しています（やっとかよ、とも思いますが）。成人向け雑誌は、然るべき場所で取扱うべきです。私自身もネットやアダルトショップで購入していますし、コンビニで購入できなくなったとして困る方はほぼいないと思います。反対派の皆様、上記不利益と衡量してなお取扱いを続けるべき理由がありますか？ 男の私でも問題意識を抱く程度には深刻な問題だったと思いますよ。

27 どうしてこんなに男の性欲は優遇されているのだろう

かや
奈良県／主婦／36／女

高校1年の時、コンビニでバイトしていた。生理用品は黒い袋に入れる、缶ジュースなど一点だけ買う場合、商品に直接コンビニ名の書かれたテープを貼ると教わった。土方のおっちゃんらしき人がエロ本を買いに来た。エロ本は買っているところを見られたら恥ずかしいものだから黒い袋に入れようとしたら、「袋いらんで」と言われた。ならばテープを貼ろうとしたら「貼らなくていい」と他の店員さんに止められた。おっちゃんはとても堂々とエロ本を手に店を出て行った。男は堂々と自分の性欲を周りの人に見せつける。その後もお客としてコンビニを訪れる時、エロ本コーナーの前を通るたびに少し緊張が走る。「エロ本が置かれていることなんて気にしていませんよ。」という演技を強いられているような気持ちになる。見たくない人に見せて、周りの人を不快な気持ちにさせたら、わいせつ物陳列罪。でも、エロ本を老若男女が利用するコンビニで陳列し、売ることはわいせつ物陳列罪にならない。コピー機やATMは大抵エロ本コーナーに隣接している。コピー機やATMを利用する時に視界に入るエロ本の表紙を、見てみぬふりをしなくてはならないのだけど、どうしてこんなに男の性欲は優遇されているのだろう。

男から見たらエロ本の表紙は「不快ではない」からだろうか。コンビニにエロ本が置かれているのが当たり前の世界で、私は育った。そういう社会と価値観を受け入れながら、思春期や20代を過ごした。私の子供は、コンビニにエロ本がない社会で育っていく。電車に卑猥な吊り広告がない社会になるのは、いつだろう。

公共の場で堂々と男の性欲を見せつけてくる日本の社会、価値観が変わろうとしていると、信じたい。

28
エロいコンテンツには強いパワーがある

雪村燈子
岐阜県／主婦／37／女性

あるAV女優さんが好きで、イベントに会いに行ったりして応援していた。なかなかイベントに行けない日々も、コンビニのエロ本コーナーで表紙に彼女がいるのを見かけると「がんばってる…！」とパワーをもらったり、このエロ可愛いパワーに誰か気づいて買えー！と願ったりしていた。この不意打ちで遭遇できる感じはもう無くなるんだろうな。自分から検索したりエロ本屋に行ける人にだけ届く。そのハードルがあるのは悪くない。好きな女優さんだけでなく、エロいコンテンツには強いパワーがある。それは、不意打ちで食らって受け取ったりスルーするにはある程度の心構えが必要なくらいには強い。

29
「そもそもエロ本の存在がけしからん」という話になってくるのであれば、ちょっと待て、と言わざるを得ない

ぴろぴろ
東京都／会社員／40／男

かつてエロ本のヘビーユーザーであったが、購入しなくなって久しい。エロに興味がないわけでなく、読んだら読んだで楽しめるのだろうな、と思いつつも手が伸びなくなってしまった。また購入していた当時も、コンビニで買った記憶はほとんどない。そういった意味では別にコンビニからエロ本が撤去されようがされまいが関係ないのだが、ちょっとした違和感を覚えるのも事実である。

「コンビニからエロ本を撤去すべし！」という論を支えるのは大きく分けて次の3つかと思う。
1．外国ではこんなことありえないので恥ずかしい
2．子供の教育上よろしくない
3．そもそも女性にとって不快である
それぞれについて私見を述べるならば、1については「それぞれ国には特徴があるんだから、そこを論拠にするのは違くない？」だ。海外からどうこう、ではなく自分自身がその問題をどう捉えるかではないか？ 論が飛躍するが、それを論拠にするのであれば、海外から批判されるすべての事柄、たとえば捕鯨や人質司法などについても同様の活動をした上で言ってもらいたい（捕鯨も人質司法もあくまで例であり、正しいとか間違っているとか言いたいわけでない）。続いて2について。自分は男女2児の父親であるが、個人的には特段問題があるとは思っていない。「パパ、何あれ？」「エロ本だよ」「エロ本って何？」「子供が読んじゃいけない大人向けの本だよ」「なんで子供が読んじゃいけないの？」「子供には刺激が強すぎるからだよ」みたいな感じで応対できるように思うからだ。ただ、この考えは一般的でないだろうし、「教育上よろしくない」と考えることも理解できる。子供のためにコンビニからエロ本を撤去するのに特に異論はない。最後に3について。これはシンプルだ。多くの女性が不快に思うのであれば即刻撤去すべきである。コンビニになくたって欲しけりゃ別のところで買えばいいわけだから。

と、ここで違和感の正体がわかった気がする。女性の皆さんは、本当にエロ本が〝コンビニにあること〟を問題視しているのだろうか？ 〝エロ本そのもの〟を問題視、もっと言えば敵視している面はないだろうか？ ゾーニングの問題であれば社会的コンセンサスを構築していけばよいと思うが、「そもそもエロ本の存在がけしからん」という話になってくるのであれば、ちょっと待て、と言わざるを得ない。そのあたりの本音を知りたい。

エッセイ

6 「オレ」が思う通りにならない社会を

武田砂鉄
ライター

この日本社会には「オレがこう思ってるんだからこうだろ」という事象がいくらだって残っていることは、自分が男性で、「オレ」を行使できる、行使してきた立場だからこそ強く実感する。

少し前、防衛省自衛隊滋賀地方協力本部が作成した、ミニスカートの中に下着がチラついているように見えるアニメキャラクターを使用した自衛官募集ポスターが問題視された。同本部は京都新聞の取材に「指摘の着衣は、下着ではなくズボンだという設定で、適切な範囲だと考えている。多くの人から評価を得ている」（傍点引用者・以下同様）と答えたし、作家・竹田恒泰はTwitterに「どう見てもズボンだろ！　これを下着だというやつらの感覚がねじ曲がってる」とつぶやいてみせた。

自衛官募集のポスターとして掲示された段階で、あらかじめのアニメの設定などどうでもよく、実際のポスターを見ればどう見ても下着なのだが、まずは作成した当事者が「多くの人」が認めてるよ、と回避し、続いて、この手の話題に必ず逆張りで突っ込む「オレ」がこう思っているんだからこうだろ、という個人の見解が肉付けされていく。「オレがこう思ってるんだからこうだろ」は、このようにして、とにかくあらゆることを踏み越えていく。

かく言う自分の体内にも、「オレがこう思ってるんだからこうだろ」が残っている。自分で確認作業を怠らないようにして、発見次第、除去しようとは思っている。だが、無自覚に発露してしまうことも少なからずあるだろう。だって、男だよ、オレだよ、だったらこうでしょ、という決定を下してきたし、まだ下しているのかもしれない。

1982年生まれの自分は、中高生の思春期にエロ本を仲間内で回し読みした最後の世代だろう。運動部の部室には複数のエロ本が転がっていたし、男子便所の個室に何人か集っている時の多くは、皆でエロ本を読みふけっていた。自分はそれを傍観していたわけではなく、もちろん、そのど真ん中にいた。それらのエロ本のメッセージを簡略化すれば、「オレがこう思ってるんだからこうだろ」であった。悶える女性の写真のキャプションには、男の実力次第でこういう風にあえぐ、とあったし、物欲しげな目をした写真には、「ちょうだい」とか「もうダメ」といった、私はいつでも受け身でいるから、アナタの好きにして、とのメッセージが繰り返されていた。どんなエロ本にも、とにかくあなた次第、とのメッセージが通底していた。それを見て、そうか、オレ次第なのか、と思った。友だちとエロ本を読み合いながら、そうか、オレたち次第なのか、と確かめ合った。これから大人になったら、いや、もしかしたら来年にでもオレは、オレの気持ち次第で、こんなことをしちゃえるのかと興奮した。

コンビニにエロ本を買いに行く、ダミーで漫画雑誌と一緒にエロ本を買う、というのは、多くの男性が持つエピソードだ。あそこのコンビニで買ったけどバレなかったぜ、という武勇伝は、武勇伝とするには頻度が高すぎるほど、普遍的なエピソードだった。高校生にもなると、具体的な経験をする友人も出てくる。その伝聞に、エロ本や

AVの知識を重ね合わせて、どうやらあれは極端なものらしい、という疑いをようやく持ち始める。でも、もし、あの時の先輩や同級生が、エロ本の通りに、つまり、「オレがこう思ってるんだからこうだろ」という態度を自分に伝えてきたとしたら、こちらも「ふーん、やっぱり、オレがこう思ってるんだからこうだろ」って感じでいいのかと、頭の中の知識を強化していたに違いない。紙一重だった。

コンビニという公共のインフラにエロ本が大量に鎮座しているのは、「オレがこう思ってるんだからこうだろ」という内容のエロ本を浴びてきた自分たちの頭の下支えになった。「公共のど真ん中」にあるものがそう言っているんだと、肯定的に引き受けて、やっぱそうだよな、とオレたちで確認し合ってきたのだ。

防衛省自衛隊滋賀地方協力本部の「多くの人から評価を得ている」と、竹田恒泰の「どう見てもズボン」という二つを知れば、日本社会には「オレがこう思ってるんだからこうだろ」がやっぱり濃いままだな、と思う。まるで、中高生の頃の自分みたいだ。「マジョリティ」と「パーソナル」がタッグを組むと、「オレ」が抜群に肯定されるのだ。今、コンビニでエロ本を買う人は少ない。ドキドキしながら買いに行って、友達に自慢する中高生は皆無に等しいだろう。でも、引き続き「公共のど真ん中」にあることによって、「オレがこう思ってるんだからこうだろ」が更新され続けている。

コンビニからのエロ本撤去が、どうやら「2020年東京五輪開催」と無関係ではないこと、そして、今後、国家権力がひとつの成功例として表現の規制に使う可能性が残ることを考えると、手放しで賛成できない……という気持ちでいたのだが、手放しで賛成できない、という考え方自体、自分の体内に残る「オレがこう思ってるんだからこうだろ」そのものではないか。

今、2週間ほど台湾に来ている。毎日、ホテルに帰るたびに、日本人向けの新聞「SUN BUSINESS」が置かれている。そこに、「台湾は世界で8番目に男女平等」という記事があり、「政府機関、学校、事業機構などでは女性の管理職が4割以上に達して」おり、「男女間の給与格差も徐々に減少し、30年前の33%から現在は14%に減少している」という。台湾の街中でエロを採取してみようと試みても、目に入らない。公共のど真ん中に、「オレがこう思っているんだからこうだろ」に基づくエロ本が置かれていない。

あちこちに置かれているからこそ、自分たちは、あそこに書かれている内容が、「多くの人から評価を得ている」もので、「どう見ても」リアルな女性の要望なのだと信じ込んできた。「エロ」についての知識は、個々人が情報をブレンドし、検証し、実体験を踏まえながら、培っていく。ネット社会の今、そのブレンドの成分が偏り、あるいは一色になる危険性は高まった。その状況を踏まえ、いまさらエロ本を買う人なんていないし、と議論を無効化させようとする声を見かける。

だけど、公共のど真ん中からエロが消えることは、買っていようがいまいが意味がある。ほら、堂々とエロがあんじゃん、という状態は、「オレがこう思ってるんだからこうだろ」という男のメンタリティを支えてきた。それがどこよりも活き活きとしている国、日本。そうはいっても男がやらないとダメ、という雑なマチズモが浮上しやすい日本を、そうではなくさせるためにどうするべきか。

ステップ1。コンビニにエロ本はいらない。買う、買わない、ではない。あれがあそこにあることで、男たちは、そしてオレは、オレの思う通りになるんだろうという考えを残してこられた。男を動揺させる、困らせる、「オレ」が思う通りにならない社会を望みたい。望みたい？　望みたいではなく、していかなければいけない。

エッセイ

7

ソフィズムとフェミニズム

瀧波ユカリ
漫画家

「だれかをだますことを希望して推理における巧みさを表示する故意に無効の議論」

ネットを使って英語の調べ物をしていたら、こんな文章が出てきました。ちょっと奇妙な日本語だけど、言わんとしていることはなんとなくわかる。

どうやらこれは「sophism」の説明文が自動翻訳されたもののようです。sophism（ソフィズム）とは「屁理屈」の意。なんだか面白そうな気がしたので、原文をあたってみました。以下。

“a deliberately invalid argument displaying ingenuity in reasoning in the hope of deceiving someone.”

この原文と照らし合わせながら、さっきの自動翻訳文をもうちょっといい感じに直してみることにしました。これでどうかな。

「だれかを欺きたいがために論法に工夫を凝らし

た、意図的かつ論拠に乏しい主張」

ああ、わかる。屁理屈ってまさにこういうことだ。私はちょっと感動しました。屁理屈が何のために作られるのかがちゃんと書かれてある！

ちなみに、日本語の辞書の「屁理屈」の説明文はこうでした。

「まるですじの通らない理屈。道理に合わない理屈。」

うん、まちがってはいない。でも弱い。先に英語の説明文の明快さを読んでしまうと、日本人は屁理屈を舐めているのでは、と思うくらいに弱い。

……もしかして、それは真実では？　日本人は屁理屈を舐めているし、屁理屈を使う人に対して甘いのでは。

そう考えてみたら、私達を煩わせているものの正体がとてもよく見えてきたんです。

ここからやっと、フェミニズムの話、具体的にはコンビニエロ本問題の話になるんですけど。

私たちさんざん、こういう主張の相手をさせられてきたと思うんですよ。

「男子の成長には多少の毒も必要。エロ本の表紙をコンビニで目にするくらいがちょうどいい」

「エロ本を撤去するなら、下着メーカーの広告も撤去するべきだろう。同じ裸なんだから」

「男性だってコンビニに生理用ナプキンが売っていることで目のやり場に困っている」

「コンビニにエロ本があるから、現実の女性への加害が少なくてすんでいるんだ」

「ネットを使えない高齢者にとってコンビニのエロ本はささやかな楽しみ。それを奪うのか」

「コンビニにエロ本があっても気にしないと言ってる女性だっている」

「エロだって表現の自由だ」

「フェミニストはコンビニのエロ本よりももっと重大な問題に目を向けるべきだ」

これらの意見について私はいちいち考えたことがあるし、意見を求められたらある程度筋道立てて話せるくらいの考えは持っています。

でもさっきふと、思ったんですよね。これら全部、

「だれかを欺きたいがために論法に工夫を凝らした、意図的かつ論拠に乏しい主張」

……つまり屁理屈だって。

こういった「だれかを欺きたいがために論法に工夫を凝らした、意図的かつ論拠に乏しい主張」がネット上には溢れかえっていて、時には個人のところにゲリラ豪雨のように降り注ぐ。ひとつひとつに丁寧な反論をしても、まったく追いつかない。それどころか、世の中ではまるで「一理ある」意見のように扱われている。屁理屈なのに。

しかし今回、コンビニ業界がエロ本の扱いをやめることを決定した時、これらの屁理屈攻撃が盛り上がることはありませんでした。女性たちがNOと言えば言うほど元気よく屁理屈攻撃を行っていた人々は、コンビニ業界の決定には嚙みつかなかったのです（とはいえ「フェミニストは自分たちの手柄にしたがっているが、本当の理由はエロ本が売れないからであってフェミニズムは無関係」とフェミニストをきっちりdisることに余念がなかったわけですが）。

だから結局、それらの主張は本当に屁理屈だったってこと。彼らは本気でそう思っていたわけではなかった。私たちを煩わせ疲れさせていた主張を生んでいたのは、欺きたい、言いくるめたい、黙らせたいという欲望だった。そういうことなんじゃないかなって思うんです。

そのような卑小な欲望から、人は工夫を凝らして「それらしい」意見を作る。それを見た人は「その意見は一理ある」と信じ込む。「生理用ナプキンも目のやり場に困る」とか、「一理ねーよ！トイレットペーパーを見ても目のやり場に困るのかよ」って一蹴、終了、解散！レベルの屁理屈ですら「一理ある」と言われているのを見た時の

何たる虚しさよ。

私は、物言う女性がこういう屁理屈に取り合わされ消耗させられる状況を早くなくしたいと思います。そのためには「その主張は屁理屈だ」って言っていくことが大事だし、「屁理屈は社会を良くしていこうとする人たちの力を奪う」ということももっと知らせていかなければ。すみませんそこのご意見番おじさま、「一理ある」と一言添えて引用RTする前に「屁理屈かどうかチェック」を各々行ってください頼む。そのためには屁理屈がそれなりに意図的に作られたものであることを認識してほしいです頼む。

もう一度、繰り返します。屁理屈とは、だれかを欺きたいがために論法に工夫を凝らした、意図的かつ論拠に乏しい主張です。

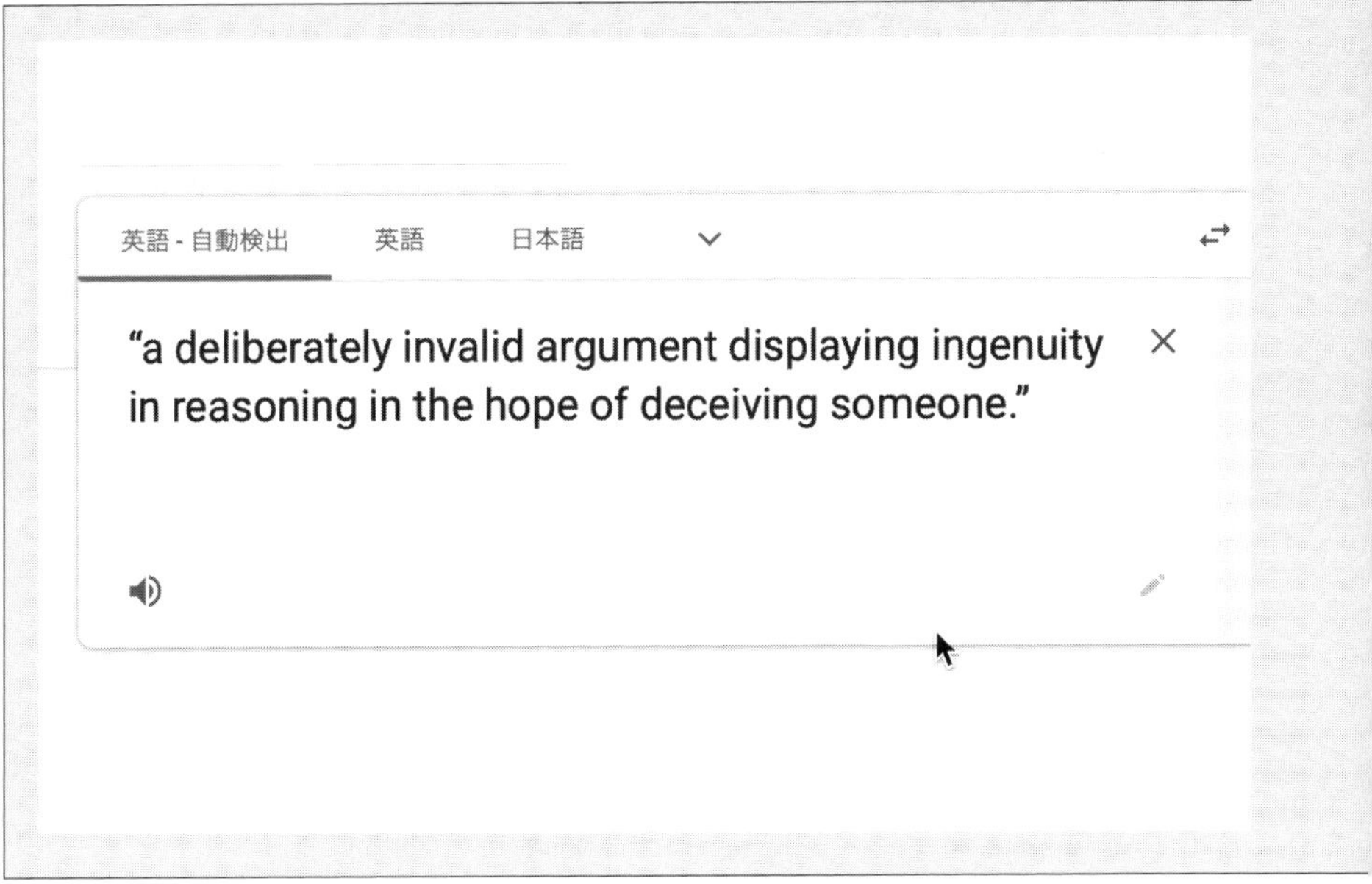

対談

「エロ本」と一緒に働いていた私たち

田房永子（40）
Tabusa Eiko

編集者Sさん（元ゲーム雑誌編集者）（30）
Editor S

今から10年ほど前、25歳から「エロ本」で漫画や記事を書く仕事をしていた田房永子。数年前まで有名なエロ本を多数発行する某出版社で働いていた女性編集者を迎え、「エロ本」がつくられる現場で／そのすぐそばで、女性が働くことの経験と心情を語ります。

女ってだけで貴重な存在だった

田房永子（以下、田房）　Sさんは以前、エロ本で有名な出版社のゲーム雑誌編集部に勤めていたと聞いたので、今回ぜひ対談していただきたいと思いました。当時のことなんですが、エロ本の編集者たちと交流はありましたか？

S　編集部の会合とか忘年会とかに限られていたんですが、たまに顔を合わせることがありました。ただ、目をつけられると、素人としてエロ系雑誌に登場しないかって声をかけられるので、なるべく目立たないようにして……。新卒に限らず、とにかく女の人がいないので。

田房　「ちょっと後ろ姿撮らせて」って言われて撮った写真に「現役女子大生（21）ミキちゃん」とか勝手にプロフィールつけてエロ本に載ってたりするんですよね。Sさんは就活して入社したんですか？

S　そうなんです。その出版社に憧れてたっていうのもあって。

田房　私はネットの「イラストレーター募集掲示板」にあったエロ本の求人に応募して。エロ本へ営業に行けばその場で即、連載が決まるから楽しかった。でも「仕事が

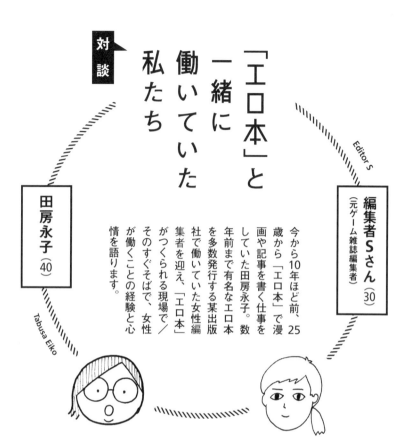

来るのは自分が若い女だからだ。実力を認められてるわけじゃない」ってずっと思ってました。実際、女ってだけで貴重な存在だったと思います。

S　はい、私も一緒な感じでした。

この件だけ、オリンピックにありがとう!

田房　子どもが生まれてから、コンビニのエロ本はなくなって欲しいと思ってました。だけど罪悪感もあった。エロ本の市場として、コンビニに置かれることがどれだけ重要かって話を聞いてたので、自分が「無くなれ」と願う事はあの人たちの仕事縮小に繋がるんだ、みたいな。Sさんはコンビニからエロ本がなくなることについてどう思いますか?

S　うれしいです。絶対になくならないと思っていたので、そんなことあるんだって逆に驚いてます。「えっ、ほんとに⁉」って。オリンピック開催するためにコンビニからエロ本なくすって、その流れがすごいなって。オリンピックにはぜんぜん興味ないけど「それなら、まあどうぞ」みたいな(笑)。

田房　わかる。この件に限りオリンピック応援したくなる気持ち(笑)。

S　逆にオリンピック以外の理由ではなくならないってことにも驚いてます。威力すごい。

田房　デイリーヤマザキはまだ中止しないみたいだけど、大手がいっぺんにっていうのはすごいよね。実際はコンビニでエロ本が売れないからとか、女性客や子どもへの配慮っていう説もありますよね。口実だとしても、私はオリンピックを理由にしてくれてすごくよかったと思う。エロ本で働いてた時はよくコンビニで立ち読みしたり買ったりしてました。仕事をする上での資料だし。

S　わたしも見てました。男性上司から「そんなのも知らないのか、読め」って言われて、王道の「快楽天」とかふつうに立ち読みしてた。好きなわけではなくて仕方なく読んでるのに、男性客からニヤニヤと見られたり。

田房　コンビニの成人誌コーナーって、前はもっとごちゃごちゃしてたと思う。エロ本だけじゃなくて、実話系雑誌もいっぱいあったし。

S　そうですね、ギャンブル誌とかたくさんありましたね。

田房　娘が「これは何?」って成人誌コーナーに興味を持ち始めてから、娘といる時はコンビニに行かなくなりました。その様子を見た奴にオカズにされたらと思うと怖くて。それ以外も虫酸が走るほど嫌だった。

S　どうしてだったんですか?

田房　エロ本に書かれてることって本当にすごいんですよね。「未熟オマ◯コ純潔崩壊!」とか「ギャルに強制ナマ出し」とか「無防備JK盗撮」とか。セックスとは呼びたくない単なる性暴力が「これがエロのスタンダードだ」という風情で置かれているのが耐えられない。

S　分かります。

田房　母親目線の話って、「子どもの目にエロを触れさせたくない」というヒステリックで潔癖な感情として解釈されてるけど、逆だと思うんだよね。私は自分がずっと女として、男の人たちが無言で発する「性欲はないふりをしてくれ、恥じらってくれ、控えめにしてくれ、俺が勃たなくなるから」っていうメッセージを受け取って、その男たちが作った「女役」をある程度演じる、という形でないと自分の性を認められない、男の人とセックスできないみたいな不自由さを感じ続けてきたと思ってるんです。そういう女の不自由さ、性欲があるのに半分ないことにしなきゃいけない感じ、それを次の世代に伝承したくないんですよね。ちゃんと自分の性や性欲やエロを楽しんでいいと思うから、女性の性に対して一方的で暴力的なエロ本がコンビニに堂々と置いてあることが嫌だったんです。だから大手コンビニ各社が撤退を決めてくれて本当に心の底からメチャクチャうれしい。飛び上がるほどうれしい！

サバイブするための「松野明美化」

S　私はまだ戸惑ってるのかもしれません。あまりにもそういうのが当たり前の世界にいすぎて、感覚が麻痺してるんです。うれしいのに、そんなふうに喜ぶところまでたどり着けてない。

田房　私もフェミニズムが「自分の話」をしてるってわかったのって30になってからでした。それまでは、フェミニストって、美人を妬むブスたちがモテない理由を社会のせいにしてる人だと思ってた。

S　あー、「モテない」っていうのはキーですね。私も、フェミニズム的な発言は、男性に関する悲しい思い出とかつらい体験があった人に特有のものだと思ってたかも。

田房　私、エロ本とか実話誌で、女の集まる場所に行って茶化す、そういうミソジニー爆発な連載をしてたんです。アナウンサー教室とかスピリチュアル集会に潜入して、「こんなおかしな女たちが集まってたぜ」みたいなコラムを書いてたの。その取材で、たまたまフェミニズムの集まりに行ったんです。そしたら「言ってることめっちゃわかる！　わたしこっち側だわ」ってなって（笑）。

S　あははは（笑）。

田房　でも、日本の20代女性ってそういうふうじゃないと生きていけなくないですか？　男側にガッツリくっついて女を嘲笑うみたいなことをしないと居場所がなかったし。

S　男側につかないと居場所がないって感覚は、以前は、私にもありましたね。そんな中で、前に田房さんが表現されていた「松野明美化」ってすごく大事だと思う。生きていくために大事。女はあんまり頭が良すぎてもダメ、バカでもダメ。成果を上げすぎてもダメだし、バカみたいな失敗するとめちゃめちゃ怒られる。そういう環境だから男をたてつつ同時にちやほやされ過ぎないように、モテ過ぎないように、でもヤられないように、いつも気をつけてました。

田房　うんうんうん!!

松野明美化の例

S　この「ヤられないように」っていうのがほんとにポイントだったんですよ。前の会社では、20人ぐらいの編集部の中で女は私のほかに先輩がひとりふたり。ほかの編集部にいたっては100％男性だったから、女1人対150人ぐらいの男性の中で働いてたわけです。さっきも言いましたけど、編集者も誌面に登場させられる可能性がありました。そういう環境でヤられないためにマスコット化というか、犬や猫じゃないけど、そういう何とも言えない、「松野明美」としか言いようのない状態でした。

田房　私が仕事をしていたエロ本編集部にも、女性はほんとうに少なかった。おじさんばっかり。そのわずかな女性のうちひとりはいきなり陰毛出して「汚いもん出すのヤメろ！」とか言われるキャラでした。

S　ヤバいやつみたいになれば手を出しづらくなりますもんね。

田房　「松野明美化」は本当に便利でした。今で言うと鈴木奈々って感じ。手とか首とか動かしまくってものすごいテンションで大声で早口。ものすごい圧で返す。そうすると向こうは怯むから。

S　そうそうそう！

田房　……でもこういう関係性って友だちにもなれないし、なんにもないんですよね。

S　はい、私も、それがけっこう切なくて。前の編集部は、それぞれはいい人だったし、仕事で朝から晩までいっしょにいるんだから仲良くなりたかったんですけど、私だけなれないんです。一生交われない、友だちにすらなれない未来のない関係って気がしました。田房さんとお話ししてて気づいたんですけど、わたし緊張感のある職場で働いてたんだな……。

田房　すっごいあったと思うよ。

S　たとえば、作業中にしゃがんだりしてて、ジーンズから少しでもパンツが見えたりしたら「なんでTバックじゃないんだ」とか言われるんです。編集部20人それぞれに女の好みがあるじゃないですか、それを押し付けてくるんです。ベージュのパンティは良くないとか、パンティにまで介入してくる。

田房　パンティに介入（笑）！

S　セクハラなんですけどね。

田房　これ履いたらあの人に何か言われるかもって思ったら、家で着替えしてる時までそいつらに介入されてる感じになりますよね。

問題はエロが男女平等じゃないこと

S　前の会社で出していたような男性向け雑誌は、女なら編集者でもファンがつくような業界なんですが、巨乳を売りにしてアイドル化する女性ライターさんもいました。私がいた雑誌にも、その女性たちの会話を男性がたしなめるような茶番コーナーがあって、「三十路のくせに」とか「年寄りが」とか言い合って女性同士が戦うみたいな。そういうのを喜ぶ男性がいて。

田房　めんどくさっ！

S　雑誌としてクオリティ高いのに、エロの部分を絶対どこかに入れてくる。

田房　なんなの、あれ。入れてないとダメなのかな。猫の記事載せると売れるみたいな感覚？

S　読者の九割が男性だからですかね。

田房　男性ってそんなに必要なんですかね、女体が。車の雑誌でも、車の横に女性モデル立たせるよね。ねえ、そんなに女体が必要か？

S　サービスなんですよね。バラエティのひとつ。あんこ味とクリーム味みたいな感じで女性の裸やエロを使ってる。

田房　「エロ」ってもう、男女平等じゃないんだよね。それが問題だと思う。「エロ」って言葉自体が、実は男だけのものになってる。エロと性暴力・性犯罪とセックスがごっちゃになってるんだよ。

S　日本はすごい遅れてますよね。こないだモーニング娘。'19の佐藤優樹さんが水着のグラビアについて「一億八千万円欲しい。ヌードなら六百億円」って発言したんですよね。すごい感動して。

田房　私も感動した！　すごい勇気いる発言だよね。他の脱いでるアイドルをバカにしてるのかって女同士の戦いになっちゃうことだから、なかなか言えない。これまでは当事者からの声は消されてた。#MeToo運動とか、そういう流れが、ドラゴンボールみたいに声を押し上げてる気がしますよね。

エッセイ

8

エロを肯定したい私のエロコンテンツとの距離

水谷さるころ
イラストレーター、漫画家

「エロ本がコンビニからなくなる」。そのニュースが流れてきたとき、私は「あ、そうなんだ」という感想を持ちました。

嬉しくもなく、かといって悲しくもなかった。心は無風でした。私が見かける意見は「嬉しい」という女性の意見が多くて「そうか、イヤだったんだ」と思いました。

じゃあ、私はどうだったのかというと「エロ本はイヤじゃない」。私にとってエロ本というのはどっちかというと「見たい」ものです。私は女性のキレイな裸が好きだし、セクシーさを強調した演出も好きです。あー、キレイ。あー、エッチだーと思う。ちなみに私は男性の裸には全然ときめかず、興奮もしません。なので「セクシーな女性が載っている男性向けのグラビア」のほうが好きです。昔は18禁マンガ雑誌でデザインの仕事をしていましたし、「萌え絵」にも嫌悪感はありません。

でも、エロ本を買ったことはありません。見たいし見られるチャンスがあったら喜んで見ます。でも私には「男性向けのエロ本を読む」ハードル、めちゃくちゃ高いです。エロ本イヤじゃないどころか、むしろ読みたいくらいだけども絶対買えない。

なんでかといえば、やっぱり「怖い」からなんです。「恥ずかしい」から……ではない。この日本の社会において「エロ本を堂々と女性が買う」ことは難しいと思います。興味があってもないふりをして、やり過ごしたほうが楽。

だってエロ本を買ったのを目撃したり、知ったりしたどこかの誰か、または知人の誰かが『こういうの好きなんだ〜。オレとそういうことしようぜ〜』とハラスメントをかましてくるかもしれないじゃないですか。思春期の頃は見たくても見られないのは年齢のせいだし、恥ずかしいことだからだと思っていました。でも、18歳以降、好きにそういうものが買えるようになったかと言えば全然そんなことはない。これは今までの人生で実際に少しでも「隙」を見せたら「面倒なこと」になった経験があるせいです。それで「怖い」とか「面倒くさい」ということがすり込まれちゃったんですよね。なので、小娘じゃなくなった40歳越えた今でも買えません。そこを越えてまでエロコンテンツにアクセスするほどの情熱もなく今に至ります。

だから女性店員さんがコンビニのエロ本を売るときに男性客からハラスメントがあるとか、そういうのはすごくよくわかります。そんな社会でエロ本をどこでも好きに売って、買うのはよくないという意見もすごくよくわかる。なので「コンビニでエロ本を売りません」と言われたら「いいんじゃないでしょうか」としか言えない。

でも「エロいものは害悪だ」「ポルノは女性蔑視だ」となりすぎるのはイヤだなあと思うのです。女性がいやらしいものを好きでもいいですよね？　エロマンガを描く女性作家さんだっている。私は、本当はエロ本を女性がコンビニで買っても怖くない世界のほうがいいなと思うのです。

私はオランダ・アムステルダムに行ったときに、ポルノショップや飾り窓（娼婦のお姉さんがガラス窓の中にいて、お客さんを待っているお店）が堂々と街の中にあることに驚きました。オランダなので、もちろんコーヒーショップ（オランダで合法のマリファナを吸わせてくれるお店のことです）も建ち並んでいて、それが誰もが行き交う広場からすぐのところにありました。家族連れの子どももそのお店の前を普通に歩いていました。そして、飾り窓のたくさんあるエリアの広場には、「世界中のセックスワーカーを肯定する」という世界初の「娼婦の像」が建っていました。オランダでは買春も合法です。飾り窓のお姉さん達は写真撮影はNGですが、観光客に見られても全然平気。というか、見られてナンボのプロの気概を感じました。彼女達は「誇り高き娼婦」なのだ……！　と感動したのです。

女性が自己決定権を持って、自らの体を使う選択ができて、それを男女共に「素晴らしいことだね！」とリスペクトできる社会だったら、私はコンビニでエロ本が買えるのかもしれない。

コンビニからエロ本が消えて、ハラスメントの機会は減るかもしれないけど、女性が「いやらしいものが好きだ」と表明してもハラスメントを受けない世界はまだやってこない。「エロ」は悪いものじゃない。むしろ必要で尊いもののはずなのです。エロいものが「搾取」や「支配」と連動している社会が悪いのだと思うのです。その「搾取」や「支配」の構造から、ハラスメントや性被害が発生してしまう。

いつか、世界中のエロの構造から搾取や支配が無くなって、男女ともにハッピーに共有できるような世界はやってくるのでしょうか。男児を育てている現在、全然他人事じゃない問題だと思っています。最低限、自分の息子はハラスメントをする男にはしないように育てていきたいと思います。

投稿フォーラム

田房永子@tabusa・2月19日

コンビニからエロ本がなくなって嬉しい方、戸惑う方、エロ本制作者の方、コンビニ店員の方、その思いのたけを、ぜひ投稿してください。ぜひともみんなで、この「コンビニからエロ本がなくなる日」を歴史に刻もう！　みんなで一冊のマガジンを作りましょう！　ご協力、お願いします！

お名前／お住まいの地域／職業・肩書／年齢／性別

＊掲載は、投稿日時順です。

30 コンビニから なくなったからといって…

秋月俊也

大阪府／会社員（出版社）／36／男

コンビニ大手3社が、コンビニでの成人向け雑誌（いわゆるエロ本）の販売を今夏にも取りやめるという。このニュースがネット上を駆け巡ったのが今年の1月。取りやめに肯定的な声があがる一方、表現の自由への侵害や当該ジャンル書籍の販路縮小への危機感など、さまざまな反響を呼んでいるようだ。しかし、おそらく少なからぬ日本人にとっては、深刻な内容としては映っていないだろう。新聞・書籍・雑誌の売上が下降の一途をたどっているコンビニにとって、1ジャンルとはいえ成人向け雑誌がなくなったとしても、店舗によっては売場整理の良い機会と捉えるだろうし、また現実にそれらが売場からなくなったとしても、全く需要がなくなるわけではない。むしろ、この流れを奇貨として、該当する版元は専門店での展開を本気で考える好機なのではないか。以前よりコンビニでの販売については同業種の中でも疑問符がついていたと聞く。なお、このジャンルがコンビニから消えることで、成人向け専門の版元をはじめ、ライター・カメラマン・デザイナー・印刷・製本所など多くの職業に影響が出ると危惧する声もある。エロ本に限らず、本の制作には、多大な労力を要する。自分たちが作ったアイテムに誇りを持つのは当然のこと。であるからこそ、これから彼らが模索すべきは、コンビニのように設置を巡って賛否の分かれる店舗ではなく、専門的に扱っている店舗（リアル、オンラインにかかわらず）でどのように展開するのかということにかかっていると思う。アマゾンが日本社会のすみずみまで浸透し、書店の苦境も慢性化しているのは周知のとおり。ただ、本が売れないからといって嘆き諦めるのは早計だ。どんなジャンルの本でも読者は必ずいる。コンビニから専門店へ。畢竟、元のサヤへ収まるだけの話ではないだろうか。

31 コンビニのエロ本は 防ぎようのないセクハラだった

Y

千葉県／会社員／40／女

かつて私はコンビニで売られるエロ本を作る編集者だった。当時まだ新人だったことと、「女性ということで」大した仕事は任せられていなかったが。エロ本に出てくる女の子たちはきれいな体をしていたし、徹夜続きで化粧もボロボロなくせに「裸は誰にも見せたくない」と思う私とは別の人間だと思っていた。でもある日、その中に大学のときの同級生が裸で写っているのを見つけた。ショックで心臓がバクバクしつつ平静を装って、記事の担当編集者の男性に「この人はどんな人だった？」と聞いたら「ブスだし体もよくない」という類のことを言われて、さらにショックを受けた。私はそれまで彼女が美人かブスかなんて考えたこともなかった。賢くて、いつも善良な人だった。なぜ彼女がその世界に足を踏み入れたのか混乱するとともに、彼女がなぜ男性に物のようにそんな評価をされなくちゃいけないのか。裸になるなんて相当の覚悟だろうに、その覚悟をなぜ軽んじられなきゃいけないのか。ショックだった。エロ本に出てくる女の子たちが自分と地続きになり、エロ本に関わることが苦痛になって、ほどなくして担当をはずしてもらった。まだセクハラなどの言葉も世に浸透していない頃の話だ。

その後数年経って私は娘を持つ親になった。娘に絶対に見せたくなかった。あなたは女の子として生まれてきたけど、消費される性ではない。大事な体はあなただけのものだ。嫌なことには「NO」といえばいい。#MeToo運動などで女性が声を挙げ始めたこの時代において、できるだけ「個」として娘を育てようと思う私にとって、日常的に目に入るコンビニのエロ本は地獄だった。防ぎようのないセクハラだった。その憎しみとともに、自分のことも振り返った。エロ本を作っていた当時「徹夜続きでボロボロなのに裸は見せたくないと思っていた私」のことも、そう思わされていたのだと気づいた。

親になってみると、陳列棚越しに目に入る女の子たちの人生、親御さんのことも想像した。前述の同級生のことも想った。エロ本を買うときにわざわざ「若い女の子のバイトがいるレジに持っていく」とどこかで聞いたクソなセクハラのことも思い出し、コンビニでバイトしていた友人のことも想った。心が傷つき、暗い影を落とし続けていた。このどうにもならない（と思わされていた）地獄に光を灯してくれた一昨年のミニストップの発表。本当にうれしかった。ありがとうございます。

32 エロ本の代わりに、「O嬢の物語」でも置いたらいい

SHE,her.

愛知県／パート／39／女性

この件について、SNS上で様々な意見を目にして、今更私が言う事はあるだろうか。賛成か反対か、正しさはどちらにあるか、そもそも正解はあるのか。色々考えて、でもこの機会に自分はやっぱり立ち位置をはっきりさせたかった。個人的には、無い方がいい。それは自分がそれを見たくないから。拒むような泣きそうな顔で、半開きの口の、極端にデフォルメされた女の子を見たくないから。またそれを、年端もいかない少女の目に触れさせたくないから。一方で、ネット環境の無い孤立した高齢者や障害者の「癒し」としての側面があるという意見を見た。清廉潔白なものだけでは人は生きていけない、恐らく、それは正しいと思う。

スーザン・ソンタグの「ポルノグラフィ的想像力」という文章に、ポール・グッドマンの記述を引用してこう書いてある。「問題はポルノグラフィか否かではなく、ポルノグラフィの質なのだ。」コンビニで目に入ってくるエロ本の表紙は、またしてもソンタグの表現を借りるなら、「ノーマルな大人の性的発達が嘆かわしくもある段階で止まっていることを例証するテクスト」であり、「マスターベーション的思春期の意識により編集され、自称大人達が買う商品」だ。ここではただひたすらに女性性は搾取される。特に「嫌がりながらもよしとしているように見せている」ことが最高に不愉快である。想像力のかけらも無い、モノとして消費されている女性性。エロ本の代わりに、『O嬢の物語』でも置いたらいいと思う。そしてエロ本が必要な層には見たくない人には目に入らないやり方で流通させたらいいのではないだろうか。女性性を笑い飛ばし、消費し、使い捨てするようにして表現するポルノグラフィは、もうそろそろ、かなりダサい。

33 買いたい方は、専門のお店へどうぞ

as

東京都／翻訳業／49／多分女性

友人の小学4年生の子どもが、コンビニで成人漫画を買い、ベッドの下に隠していたそうです。習い事の帰りにSUICAで買っていたそうで、友人もしばらく気づけずにいたとか。自分がコンビニに行った時にエロ漫画や雑誌を目にするのも嫌ですが、子どもが目にするのはもっといやです。子どもに売ってしまえる状況も法的に規制してほしい。男性の性的処理に使うものが、老若男女が訪れる店舗に置かれるのは、どう考えても健全な社会ではありません。そういう出版物自体を否定するつもりはありませんが、撤去には賛成です。買いたい方は、専門のお店へどうぞ。

34 田舎のお年寄りが気軽にエロ本を買えなくなるのが気の毒で仕方がない

中島ロミ子
福岡県／アルバイト／34／女性

コンビニでアルバイトしてた日々の事を思い出しました。自分は二十代前半で、エロ本を直接本棚に陳列したりする作業はしませんでしたが、掃除などでエロ本コーナーに近づく時はけっこう恥ずかしかったです。エロ本を買っていく客層は大体お年寄りでした。高齢者でも性欲ってあるのだなー、とか、接客するの気まずいなって思いはありましたがある程度覚悟してたので平気な感じで売ってました。思い返せばコンビニのエロ本コーナーには熟女ものの数が多くて、売る側（発注する担当者）はお年寄り向けのラインナップにしてたことが分かります。

私の住まいはとてもひなびていて、独立した本屋さんもどんどんつぶれていったり大手チェーンは撤退していったり、商店街なんてほぼシャッター通りで、車持ってない・乗れないお年寄りが本屋さんやレンタルショップへアクセスするのはとても大変な環境だと言えます。だから、コンビニからエロ本がなくなるって決まった時に一番先に頭に浮かんだのは「コンビニでしかエロいものを手に入れられないお年寄り」はこれからどうするんだろう？っていう心配とも言えるような疑問でした。コンビニでバイトしてた時には、自分は自分の性欲にまったく無頓着というか、性欲があると自覚してませんでしたので、コンビニのエロ本コーナーで買い物するお年寄りに全然共感が持てませんでした。ですが、現在三十路を越えて自らの性欲に自覚を持てるようになると、ムラムラした時にすぐスマホでエロい画像等を検索するようになりました。ストレス溜まった時なんかも無為にスマホでエロを補給してて、確かに無駄な時間なんですがめちゃくちゃ癒されるので、この自由な感じで気軽にエロを摂取できなくなったらとてもしんどいなって想像できます。

正直、私もエロ本は専門店とか本屋の成人コーナーのみ（子どもや、性的なものに触れたくない人達の目に付かない場所のみ）で販売されるべきだと思っていますが、車持ってなくてインターネット閲覧する手段がない田舎のお年寄りが気軽にエロ本を買える場所がなくなるっていうのは、気の毒で仕方がないです。（コンビニバイト中にエロ本を買ってくお客さんにセクハラされたことないので、悪い思い出がないってのも影響してるとは思いますが）

35 女がコンビニで エロ本を物色する行為は かなりハードルが高い

かりん
東京都／アルバイト／34歳／女

これまで生きてきた34年間、思えばコンビニのエロ本を直視したことが無いのだった。コンビニで一番色彩豊かなのは、もしかすると、あのエロ本コーナーかもしれない。あのビビッドでキラキラ光る素材の表紙を、私は何度も何度もチラ見してきた。いつからかは分からない。けれど、気になる存在であるのは確かだった。

やはり、一番刺激されたのは性への興味だと思う。10歳前後の頃から、いけないことが書かれているという認識だけは持っていた。そして、性教育をキチンと受けていない自分の、よく分からない性欲とリンクされているだろうことも予測できた。性の情報が少ない自分にとって、エロ本は自分を知る唯一の鍵だと思っていた節もある。

大人になってそれなりに経験すれば、ネットに溢れているアダルト系の動画も通販のアダルト雑誌も、簡単に手に入るようになった。でも、コンビニに置いてあるエロ本の中身はまだ知らない。中身を知らないから、何がどのくらい有害とされているのかすら分からない。

今でもエロ本コーナーの前を通るたび、「人妻」「女子大生」といった文字や、いやらしい女の子の絵が目に飛び込んでくる。しかし、それ以上の情報は入らず、そそくさと通り過ぎてしまう。雑誌名さえ見た記憶がない。

そもそも、たとえ興味があっても、女がコンビニでエロ本を物色する行為はかなりハードルが高い。エロ本を見ている自分の顔を人様に見られるのは嫌だ。それに、エロ本を読む＝簡単にやれる女だと思われて、帰り道で痴漢にあうかもしれない。なんでこんなに気を遣わなければならないのだろう。やはりエロ本は、専門店に置いて、必要な人間だけアクセスできればよいのだ。本当に欲しくなったら買いに行くよ！　大人だもん。

36

現実の制服姿の私は深く傷ついていた

杉田ぱん
東京／会社員／24／女

私は同じ店内に陳列されている生理用品が自分の身体に関わる、性のアイテムだと知る前に「コンビニのエロ本」を性のアイテムだと認識した子どもだった。はじめて触れた性のアイテムは「女の身体は、すべての男たちの夢であり男たちのものである」とシンプルなメッセージを発し続けた。その証拠に、私は一度もコンビニのエロ本の表紙絵が女以外だった記憶がない。男たちは女の身体が自分たちのものであることを証明するように、女たちの身体に自由に、暴行を加えた。13歳になって制服を着るようになるとコンビニは前よりもずっと身近な存在になり、エロ本のメッセージを浴びる頻度も、濃度も、濃くなった。制服姿の女の子たちはエロ本の表紙をデカデカと飾っており、発する言葉は決まって「イヤ～ん」だ。本気の、「やめろ、訴えるぞ」なんて言葉は絶対に登場しない。身体を支配された女たちは感情すらも常に男たちに加減を調節された。でも、現実の制服姿の私は深く傷ついていた。本当に嫌だった。「女の身体は男たちのものだ」というメッセージ自体に深く、傷ついてきた。

突然、コンビニから、エロ本が消えることとなったあの日。GHQに公娼制度廃止！って強制終了させられた情けない日本を思った。GHQがオリンピックに変わったようなものだと思った。何も本質は、あのメッセージは変わらないんじゃないかと思った。でも、アイスを買うたびに、自分の属性を、女であることを恥じるような表現物をみない世界があったかもしれないと思うと無性に涙が止まらないのも事実であった。それは嬉しいんじゃなくて、今まで浴びせられてきたメッセージへのどうしようもない怒りと悔しさだった。「JK」が「エロ」だと謳われたおかげで、私は高校3年間、手垢まみれの制服を着ないで過ごした。エロ本の世界に引きずりこまれるようで、着られなかった。そういう時間は返ってこない。だったら私はメッセージ自体をなくしたい。そのために自分の言葉で思い切り、叫びたい。男たちに加減など調節されずに。これは私たちの生きた言葉。あれは私たちの生きた身体。「なくなった過去の産物に文句を言うな」なんて、絶対に言わせない。コンビニからエロ本が消えた日。私は、男たちに奪われた自分の身体を取り返すために心の底から怒っている。腹の底から力一杯に、大きな声で叫んでいる。

37

見ないようにしてきたのは実は、男性への恐怖と軽蔑と失望だった

間子
日本／？／30代／女性

コンビニのトイレを借りる時。雑誌コーナーの近くを通る時。「あ、見えてませんから(^^)エロ本の表紙のオネーチャンの裸とか見えてないです(^^)下世話なキャッチコピーとか見えてないです(^^)女には、男にとって見えてほしくないものや都合の悪いものに対して条件反射で自動的にモザイクかける機能が搭載されてますんで、ご安心ください(^^)」って脳内で処理するのが私にとっては当たり前でした。そのくらい私の中でコンビニのエロ本は、不快だと感じる事さえ許されてないかのように堂々と存在してたから、撤去されるというニュースを知った時「撤去できるんだ!?…不快だって感じてよかったんだ!!」ってびっくりしました。エロ本がコンビニで売られていたのは、それがゾーニング無しで存在していいほどの圧倒的市民権を得てたからじゃなかったなんて。本来ならエロ本を買いたい男性が自分で背負うべき気まずさや気遣いを、女性が肩代わりさせられる事で成り立ってたなんて。

コンビニのエロ本について女性が見えないふりをしなきゃいけないような社会だったから、私の脳内モザイクはコンビニのエロ本コーナーだけでなく至るところで発動するようになってたのかもしれません。セクハラに遭ってもその場では気付かない、痴漢されても故意じゃないかもしれないからと我慢する、侮辱されても裏切られても男の性欲を肯定する余裕が女のたしなみなんだと思い込む…。

そして、とうとうモザイクが効かないほどの出来事が起きて無修正の自分の心と向き合わされた時、

私は「男の性欲や性的娯楽の邪魔にならないように忖度できる女」として子供の頃からもう調教済みだった事に気付きました。見ないようにしてきたのは実はコンビニのエロ本そのものじゃなくて、男性への恐怖と軽蔑と失望だったんです。回復するにはまだまだ時間がかかるでしょう。でもようやく、コンビニではもう脳内モザイクを発動させなくてよくなる。それだけでも私としてはちょっとホッとしてるのでした。

38

元エロ本編集者の私でも恥ずかしい

音咲椿
福岡県／漫画家／ひみつ／女性

「コンビニから成人誌が撤退」と聞いて、元エロ本編集者の私は「またか！　またエロ本制作者の生活を脅かすのか！」と憤りを感じずにいられなかった。私は23歳の時、興味があったエロ本業界に入り、いわゆる「ブルセラ誌」（ブルマやパンティありきのフェティッシュ色の濃い女の子のヌードグラビア雑誌）を制作していた。可愛い女の子が大好きな私にはエロ本制作はファンタジーであり、職人芸でもあり、仕事が楽しくて仕方なかった。しかし、当時の石原都知事が改正した都条例でエロ本業界は大打撃、制作していた雑誌は廃刊、会社をリストラされ路頭に迷うという憂き目にあったのだ。

今回、一体何がそんなに問題なんだろう？　と、ネットで様々な方の意見を読んでみた。一番驚いたのが「子供をコンビニでトイレに連れて行く時、成年エロ本コーナーの前を通らないといけない。子供に見せたくない」だった。私には子供がいないので、この視点はなかった。確かにトイレに行く時、あのコーナーを通らなければならない店は多い。試しに、今のコンビニの成人エロ本コーナーはどうなってるのか見に行ってみた。ひと目で「あっ、こりゃダメだわ」と思った。熟女系グラビア誌ならまだしも、子供にも親しみやすい成人コミックの表紙の女の子がおまたパッカーンのじゃぶじゃぶで、どえらい事になっている。追い打ちをかけるような身もフタもないエロキャッチ。元エロ本編集者の私でも恥ずかしくて足早に通り過ぎてしまった。これは世のお母さん方は頭が痛いだろう。さらにレジ係の若い女の子に成人エロ本を見せつけてセクハラをしてくる男性客もいるという。これもけしからん。コンビニに成人エロ本があって良い事など、ほぼ男性側の事情であろう。

しかし、私はエロ本出身の漫画家であり、エロ本が日本からなくなる事はあって欲しくない。私が勤めていた編集プロダクションの社長は、「伝説のパンツのシミ制作職人」としてたくさんのファンタジーを作ってきた。私もそれに習い、シミを作ったりマンスジを作ったり、女の子を可愛くエッチに魅せる職人だったと思っている。衰退しつつあるエロ業界にもまだ職人がいる。何のファンタジーもないネットの無修正のパックリなエロ動画なんぞに負けて欲しくない。こうなったらエロ本は町の本屋さんに籍を移して生き残りをかけて欲しい。子供の頃は「入っちゃいけませんゾーン」だったエロ本コーナーに中学生になったあたりから足を踏み入れ、ドキドキしながらレジに行き、パンティや水着の下のファンタジーを感じて欲しい。yes! マンスジ、no! パックリ！　おしまい

39

アダルト産業に携わることで、今、彼女たちは生きる希望を得ている

よっつー
東京／音楽家／33／男

「エロ本はコンビニから消えた灯」

できることなら世の中は、誰も不快に思わない仕事だけで成り立つべきだろう。できることなら世の中は、誰もが素敵だねと思う仕事が溢れるべきだろう。でも、現実にはなかなか難しい。僕は、アダルトビデオをはじめ、エロコンテンツが大好きだ。しかし、それらのコンテンツが満たすのは、ただ「抜く」という一瞬の性的欲求だけではない。それらに携わる人たちの〝がんばり〟を応援することで満たされる何かがある。〝がんばり〟を見ることで、自分もがんばろう！　と思える活力に繋がることがある。僕は、性的な欲求のためにエ

ロコンテンツを購入することもあれば、それらに出ている女優さんが出版した、ノーエロの小説やエッセイを買うこともある。それは、やはり女優さんたちを「モノとして消費」するのではなく「人として応援」したいと思うからだ。

話は変わって、今の女優さんたちは、本業以外で実にさまざまな活動をしている。本を書く。テレビにでる。イベントコンパニオンをする。映画に出る。アイドルや歌手をやる。そういった活動は、明らかに彼女たち自身の〝生きる活力〟となっている。〝生きる希望〟となっている。そして、そういった活動ができるのは、AV女優をはじめ、エロという仕事を彼女たちががんばっているからである。本業で認められると、仕事はさまざまな方向に派生していく。女優になった女の人たちは、様々な背景がある。なんとなく、女優になったのが納得できそうな暗い過去を持つ人。なぜ女優になったのか疑問に思うような、ごく普通に育ってきた人。人の心だから、本当のところはわからない。わからないけれど、ひとつだけ言える確かなこと。それは「アダルト産業に携わることで、今、彼女たちは生きる希望を得ている」ということ。コンビニからなくしたエロ本は、誰かにとっては不快の象徴だったかもしれないけれど、誰かにとってはかすかな希望の灯だったかもしれないことを忘れないで欲しい。

40

男性向けのエロ本は堂々と置かれるのに、BL本は大型書店にいかないと手に入らない

古谷野こえり
東京都／会社員／32／女

コンビニにはなぜ男性向けのエロ本は置かれてBL本は置いていないのだろう？　その疑問を持ち始めたのは、私がBL——いわゆるボーイズラブに目覚めた中学生の時であった。BLには「やおい」というジャンルがある。男性同士の性行為の描写だ。中学生の私は男性と手をつなぐどころか目を合わせて話すこともできなかった。しかし思春期、性のことには敏感なお年頃。そんな私の心を癒し、欲望を満たしてくれたのが、「BL」の「やおい」であった。近くの魅力的な女性には見向きもしない、体毛のない男性同士の交わりはどこかファンタジーであり、ハリーポッターやセーラームーンを好ましく思っていた私にとって受け入れやすい世界観であった。また、男性から求められないという自尊心を傷つける事実に目を背けるのにもうってつけであった。やおい描写のあるBL本にドンドンハマっていった。

しかし一方でこうした嗜好は隠さなければならないという自分がいた。Seventeenを読んでジャニーズが好きな女子たちからは「キモい」と陰口を叩かれていたし、本を見つけた母親には泣かれた。私の本棚に隠されたBL本。「学校の友達とお茶をしてきた」と嘘をついては都内の大型書店に繰り出して少しずつ増えていった私の秘密のコレクション。それらはコンビニの雑誌コーナーに堂々と置かれるエロ本とは対照的であった。

なぜ男性向けのエロ本はこんなに堂々と置かれるのであろう？　BL本は大型書店にいかないと手に入らないのだろう？（しかも人目につかないコーナーに行かねばならない。）私は怒っていた。しかし何に怒っているのかはわからなかった。

十数年後、大手コンビニ店からエロ本が撤廃されるニュースを聞いて、あの頃、何に対して怒っていたのか改めて考えてみた。そして一つの結論にたどり着いた。「コンビニのエロ本に一つの愛の形しか認められていないような差別を感じていた」から怒っていたのだと。なぜやおいが好きな私の嗜好は隠さなければならないのに、女性のアソコをオープンにした雑誌はコンビニに堂々と置かれることができるのか？

もしかすると、こういう小さいところ一つ一つから、私たちは無意識に「男性が女性の体を欲することは一般的だが、それ以外は特殊」という刷り込みを受けているのではないだろうか。このコンビニからのエロ雑誌の撤退が、全ての愛の形に寛容になる日本を創る一歩ではないかと私は密かに思っている。

エッセイ

9

平気な子どものために

少年アヤ
エッセイスト

子どものころ、コンビニでエロ本が読めるのってうれしかった。

なんかうしろめたくて、ドキドキして、感じたことがないような熱に身体じゅうつつまれながら、もっと見たい、もっともっと見たいと渇望せずにいられない感じ。

まだ知識がないから、おっぱい以外のことはなにもわからないんだけれど、母のおっぱいとはちがう。おばあちゃんのともちがう。友だちや、すれちがうどの女の人のともちがう。もちろん自分のともちがう。

あのおっぱいって、コンビニの雑誌コーナーの、ほんの一角にしかないものだった。そしてグラビアページで微笑む彼女たちのことを、ぼくはこの世のどこにも存在しない、とくべつな幻獣みたいなものだと、ごく自然に思っていた気がする。意味や関係性、人間らしさを振りほどいた、おっぱいそのもの、記号だけの存在。だから、いくらながめても、ドキドキしてたのしいだけだった。

コンビニだけでなく、デパートの本屋や、近所の古本屋さんでも読めることを知ってからは、いっしょにいた家族の目を盗んで、息継ぎをするみたいに読んだ。グラビアも漫画もできるだけ読んだ。

それなりに物心がついてからも、やっぱり具体的なことはなにもわからなくて、興味はおっぱいだけにしぼられていた。勃起したちんちんの絵にいたっては、自分の身体がそうなるまでずっと謎のままだった。

ちょっと話がそれるけれど、ぼくはえっちなもの以上に、うつくしいものや、きらめくものが好きな少年でもあった。女の子向け、とされているもののほとんどを愛したけれど、なかでも好きだったのがセーラームーンだ。宝石のちりばめられたコンパクトやスティックをつかって、つよく、かっこよく変身していく姿にあこがれていたし、いまでもあんなふうに変身してみたいと夢見ている。

変身シーンは基本的にみんな裸なんだけれど、勇ましいオーケストラのBGMと、華々しいコーラスをバックに、みんなきりっと前をにらんで、堂々と胸を張っている。

たまにいじわるな男の子たちから、変身シーンについてからかわれたり、いやらしいとか言われると、腹が立ってしょうがなかった。

だって、ちがうじゃん。セーラームーンのおっぱいと、エロ本のおっぱいって、ぜんぜんちがうじゃん。

そう言いたいんだけど、うまく説明はできなかった。すくなくとも、ぼくにとってセーラームーンの裸は、母親とも、エロ本ともちがう。弱虫な少年だったぼくに、生きる姿勢、のようなものを示してくれる、鼓舞してくれるような裸だった。

小学校高学年になり、ひとりで古本屋に行けるようになったある日のことだった。なんとなく迷い込んだコーナーに、見慣れないセーラームーンの本が置かれていた。

棚から抜き取って表紙をめくると、妙なものを感じて、胸がざわざわした。でも、どういう違和感なのかキャッチできず、とりあえずページをすすめてみた。

それは、セーラームーンを題材にした、二次創作の成人向け漫画だった。その本のなかで、セーラームーンは、よくわからない男たちに蹂躙され、涙を流していた。アニメではけっして描かれることのない乳首を、つねられたり、摑まれたりしながら、泣き叫んでいた。

心臓がばくばくして、頭までおなじリズムで痛みだしていた。残像を消したくて、目をこすってみるけれど、すでに網膜の奥のほうにまで、しっかり焼き付けられてしまっている。

家に帰ってからも、心臓のばくばくはおさまらなかった。頭も本格的に痛くなって、吐き気もすこししていた。

ぼくのセーラームーン。だれにも負けないセーラームーンを、あんなふうにしたいという欲望が存在する。それも、どこかぜんぜんちがうところじゃなくて、すぐちかいところに。

そう思うと、悔しくて、こわくて、まわりにいる大人の男の人たちのことを、全員うっすらと信用できなくなった。親戚のおじさんや、先生たちすらこわかった。みんながみんな、こっそりああいう欲望をかくしていて、ふいに牙をむくんじゃないかという気がしてならなかった。

世間ではちょうど、女の子の誘拐が頻発していて、ただでさえぼくは毎日、友だちや妹のことを心配しておびえていた。ねむれなくなることも多かった。もし連れ去られたとしたら、殺されるだけじゃなくて、あの本みたいなことが起こるのだろうか。

しかし、どんなにおそろしくても、ぼくはあの不安を、ひとりで抱えているしかなかった。実際になにか起きたとして、子どもなんてきっと、なすがままにされるしかないというあきらめがあったのだ。だって、セーラームーンですら勝てないんだよ。そんなのむりじゃん。セーラームーンって、本気出したら星ひとつ簡単にこわせるんだよ。

すがるようにアニメのセーラームーンを観ていても、違和感を覚えることが多くなった。それまでもなんとなく感じてはいたけれど、痛めつけられながら頰を赤らめるような演出や、レオタード状になったスカートがめくれあがって、中身が丸見えになっているシーンが、わりとしょっちゅうあったのだ。大好きだった変身シーンにも、やだな、と思うカットがあったりして、その瞬間だけ、安心で満たされていた自分とセーラームーンだけの世界に、まっくろいノイズが混ざる感じ。それって、まさにあの本に描かれていた欲望そのものだし、あの本が、子どものぼくの手に取れる場所に、平然と置かれていた現実そのものじゃないか。

そしてその現実をまえに、ぼくはエロ本のおっぱいと、セーラームーンのおっぱい、家族や友だちのおっぱいを、つなげざるを得ないのだった。あるいは、つなげないわけにはいかない、引き裂いてはいけない、区別してはいけないのだった。もちろん、ぼくの身体や、おっぱいもそこに含まれる。

武内直子先生の描く原作版セーラームーンは、ストーリーやこまかな設定もだけれど、女の子たちの描かれ方がぜんぜんちがって見えた。ぼくはどちらかというと、そんな原作のほうが好きだった。ひとりの子どもとして、すごく安心して読むことができた。どんなにハラハラする展開でも、男の人たちの悪意や欲望が、まっくろいノイズが、ぼくとセーラームーンのあいだに入り込むようなことがなかったから。レズビアンカップルであるセーラーウラヌスとセーラーネプチューンの関係性も、アニメではちょっとおおげさに描かれていたけれど（いちいちバラの花が舞ったり）、原作ではすごく自然だった。だれもおどろいたり、ひやかしたりしていなかった。

のちに、原作を忠実に映像化した映画版について、インタビュアーの（おそらく）男性から「ふだんのアニメに比べると女性的だ」というようなことを言われた際、先生が「もし、テレビ版のセーラームーンが女性的でないと感じられるなら、それはアニメ版のスタッフに女性が少ないからでしょう」と毅然と答えていて、すかっとしたことを覚えている。そのたった一言に、すべてが込められていると言っても過言ではないだろう。

子どものぼくは、とてもかわいそうだったと思う。ごく短い時代を、不安とおびえでいっぱいになって過ごしていたなんて、なんてもったいなかったんだろう。

ぼくは、平気な子どもでいたかった。もうすこしくらい、平気な世界にいたかった。

当時の自分がかわいそうだった、という事実が、これから変わることはけっしてない。

けれど、おとなになったぼくは彼のために、セーラームーンのために、この世のありとあらゆるおっぱいのために怒ることができる。

よくもぼくたちのセーラームーンを侮辱したな。よくもぼくたちから平気な世界をうばったな。平気な公園や、平気な通学路、平気なお菓子コーナーをうばったな。

もし、だれからも、なにもうばわない世界を退屈だというのなら、その人自身が、その人自身のなにかを差し出せばいい。

ただし、ぼくはそれを望まない。


みんなが平気でいてほしいと思っているよ。

エッセイ 10

間近にあるエロ、遠い"性"。

エロと日本社会について思うこと。

BY 安達茉莉子

日本社会にエロは溢れているけれど
自分の「性」に対しては距離がある人も
多いのではないかと思う

小さい時から体が大きかった
私はよく
体をネタにした暴言を
吐かれていた

大きくなった胸を指されて
「あれは単なる肉やん」と
笑われたこともある

自分は性的対象になる女では
到底ないのだということを
早々に学び
「わきまえなくては」と
自分の「性」を出さないようにした

転機は訪れた
20代後半に
イギリスのブライトンという
海辺の街に
留学した

ヨーロッパ最大の「ゲイタウン」
として知られるこの街は
性的指向のみならず
「セクシュアリティ」に対して
オープンで肯定的

誰が何を愛そうと
それでいい

自分の性、愛、生き方、生き様、
すべてにおいて 街全体が
「自分を偽る必要なんてない」と
囁いてくれるようだった

都市に同期するかのように
私もまた自然に変わっていった

「単なる肉」と呼ばれた自分が
性的なことをする許可を
自分自身に出すたびに
驚くほど自由になった

それはきっと
性的に解放されたのではなく
「性」から解放されたのだと思う

コンビニから
エロ本は消える
（とされている）

だけどふと見上げれば
電車の中吊広告
「愛され」をうたう雑誌
インターネット広告

本当に日本社会で
間近にあるのは
見えない抑圧なの
かもしれない

自分の「性」も「生」も
どうか誰かの価値観に
委ねてしまわないで
ほしい

恋の対象にならなくても
性的興奮の対象に
ならなくても

あなたはあなたの「性」を
謳歌してほしい

END

（イラスト作家）

エッセイ

11

さよなら、コンビニエンス・エロ

高橋フミコ
パフォーマンス・アーティスト

わたしの家から歩いて10分の範囲にコンビニは6軒ある。そんなに必要ない。過剰な存在。そう思ってきた。その中身についても一括りに過剰というふうに考えていた。余計なものまで買ってしまうから。陳列棚が近すぎる、パッケージが賑やかすぎる、ちょっと苦手な空間だった。で、例のエロ本、そんな過剰さの中でも埋没せずに異彩を放ち、わたしの行く手を阻んだ。いったい何でこんなモノがここに！　キモッ！　それ以来、コンビニの本棚には近寄らなかった。また一つわたしの生活を、衣装ケースの中の虫食いのように、小さく荒らす害虫が現れたという気分だった。それは小学生の頃、近所の公園に出没した股間から男性器を露出させた男と同じだった。エロ本の表紙はエロの対象物であるところの女体だから、露出狂よりさらに一歩進んで、痴情にまみれた脳内を無防備にひけらかすような浅はかさがあった。痴情の道具にされた女性たちの哀れは、わたしの心象のファロスを萎えさせるのだった。つまり立ち上がる力、世間に物申す市民としての矜持みたいなもの。お前は二流市民、なぜなら女というものはたかだか性の道具に過ぎないと、コンビニという生活のための便利を購買するはずの場所で、まるで交通事故に遭ったみたいに不意に叩きつけられる。それがわたしにとってのコンビニにおけるエロ本の意味だった。

それが無くなるという。めでたい。言祝ぎたい。久しぶりにセブン‐イレブンの本棚に近寄って眺めてみた。すでにエロ本は無くなっていた。エロ本を返せとかで暴れている人もいなかった。良かった。

エロとは人それぞれなものである。エロとは気分に左右されるものである。というか、エロとはほとんどただの気分、一過性のもの、立ち現れては儚くも消えていくもの。だからエロは専門店で扱うのがよろしかろうと思う。その方が気分も高まるであろうし。花が花屋で、服が服屋でより素晴らしく見えるように。とあるSNSの投稿で、今回のコンビニからのエロ本撤去に関して、「対外的なものであるけれども、自分はドイツにおいて、駅近の店舗にてエロ本を購入した」と反論しているのを見かけたが、それはおそらく、駅近にあるアダルトショップでだと思われる。アダルトショップは駅近にあろうが百貨店内にあろうが、アダルトとして括られていれば良いと思うしその方が魅力的だと考える。大人はセックスをする自慰もする。街にそのような店があることは素敵なことだ。

だからついでにここで触れておきたいことがある。現在のクールジャパン・アート界における会田誠氏の作品についてだ。氏の公開講座を主催した京都造形大学が今年2月提訴された。理由は「講師から環境型セクハラにあって精神的苦痛を受けた」ことによる。訴えられたのは公開講座であって、作品そのものや氏の作家性についてではない。しかし、環境型セクハラをアート界に持ち込んだことに着目したい。とかくアーティストは守られている。それはある意味当然だし大切なことなのだがしかし、受け手の側が、これはセクハラだと感じ声を上げることもまた社会全体としては対等に大切に扱うべきだと考える。アートと断れば何でも通ると思うなよ。わたしが初めて氏の作品に出くわしたのは2001年の横浜トリエンナーレだった。それまで会田氏の作品を知らなかったのだから「ジューサーミキサー」にはいきなり出くわした、交通事故だったと言って過言ではない。わたしはその時、その作品の前にただ佇み絶句していた。なぜ、こんなのものがここにあるのだろう、その絵に殴られたと感じていた。キュレーターのこれを選んだ理由がわからぬ。辛い。その場でわたしが学習したのは、二度と会田氏の作品を見てはいけないということだけだった。それは痛いほどにキモかったから。会田氏の作家性はそのキモさ必須であることはよく言われることだし、その世界観こそが現代日本をあぶり出すのだという解釈がある。でもそれは、あの時殺されたわたしの心を死んだまま引きずっていけということにはならないと思う。コンビニのエロ本も会田氏の作品もそういう意味では同じと言いたい。エロ本をコンビニで買いたい人の理屈やアーティストの作家性をここでは論じない。ただただ性の対象として消費されていく女性の身体が感じる恐怖に耳を傾けよと言うだけで、何憚ることがあるものか。

さて、コンビニエンスストアである。考えてみれば、コンビニという箱の中はそれなりにエロいのかもしれない。それは流れていく時代、変化し続けるわたしたちの生活感や価値観、浮世が圧縮された場所だから。そんな場所からエロ本が撤去された元年、この事実は忘れ去られていくのか、他の環境型セクハラに影響を及ぼす一つのエポックとなっていくのか。最後に、フェミマガジン「エトセトラ」がコンビニ本棚に並ぶ日があるかもしれないという奇想天外夢想で締めくくる。

特集のおわりに

この企画を特集するにあたり、世の中にある「コンビニからエロ本がなくなることについて」の思いを、偏ることなくありのまま、誌上に再現したいと強く思っていました。

予想以上に様々な意見が寄せられ、毎日届く投稿文や原稿に、「すごい本になるぞ」と震えるような興奮を感じていた編集期間でした。投稿してくださったのに掲載できなかった方、本当に申し訳ありません。だけど、どの投稿文もじっくりと読みましたので、そこから受けた影響は誌面に反映されているはずです。

コンビニの成人向け雑誌コーナーに置いてあるエロ本の表紙。今回改めて、やっぱりとんでもないものがコンビニという場所に置いてあるのだな、と実感しました。「半年後に撤去される」から落ち着いて見られるわけで、そうじゃなかったら行き場のない自分の怒りを鎮めるのが面倒で、これまで通り目に入れないようにしていたでしょう。

コンビニでエロ本を買えるのは男性だけではないけれど、「抜くために買う」「買う事が比較的容易い」のは、ほぼ男性に限定されます。そしてその誌面に登場する体は、１００パーセント女性のものなんだってことも、改めて思い知りました。しかもそれは単なる裸ではなく、「働くレディお貸しします。性欲処理いたします」（貸すって誰が？　どういう状況？）とか「空前絶後超絶怒濤のハメ潮大噴射」（何？　鯨？　海洋生物？）とか、そんなキャッチコピーが淫らなポーズの女性の写真と一緒に載っている。本来の女性というものから、遠ざかったモノになってしまっている感じ。女性もそういった表現によって興奮することはあるだろう。でもそれと、コンビニに並んでることはやっぱり別だと思いました。

平成から令和になる変わり目で主要コンビニのエロ本撤去が決定し、魔法のように一斉になくなるというのは歴史的な出来事だと思います。とんでもなく大きな事件でありニュースです。今年の8月31日は「コンビニありがとうパレード」をやりたいくらいです。本当にやるかも！

最後に。執筆してくれたみなさま、大変に素晴らしい文章をありがとうございました。

編集長・田房永子

編集長フェミ日記

2019年1月〜2月

田房永子

2019年1月某日

今年から夫と家事と仕事の分担を変えることにした。それで私は6年ぶりに思い切り夜まで仕事ができるようになった。強烈な爽快感、高揚。プレッシャーすら心地いい。

1月某日

女3人で大阪に出張。Kさんが太陽の塔に連れてってくれた。軽い気持ちで行ったが太陽の塔がヤバすぎて号泣し続けた。感激してフィギュアを買い、岡本太郎の本をたくさん注文した。

1月某日

新しく保険に入る。何年後かにガンになること、死ぬ事を想定して金をかけるみたいな概念が可笑しすぎて説明を聞いてるあいだ何度も吹き出してしまった。

1月某日

家に帰ったら、子ども達と夫は寝室ですでに寝てた。いつもならまだ起きてる時間なのに。夕飯もない。夫から発せられる私への不満のメッセージを感じた。

ひとりぼっちにされて悲しい。寂しい。つらい。でも夫を起こして謝るわけにもいかないから、とりあえずリビングの電気とテレビをつける。そうしてるうちにさみしさがだんだん薄まってくる。世の〝お父さん〟ってこういう感じなんだろう。

妻がどんなに疲れ果て、怒り、気力をふりしぼって無言の抗議をしても、夜中のリビングは夫1人のもの。昼間の慌ただしさのない自由な大人の空間を朝まで独り占めできる。働いてるから金もある。満喫してるあいだに「妻はべつにそんなに怒っていないかもしれない」と思い込める余裕すらある。強者は様々な余裕を手にしている。すごいことを知れた夜だった。

1月某日

「痴漢ポスターを通して痴漢問題について考える会」で牧野雅子さんと対談するため、京都。ホテルの部屋で「快傑えみちゃんねる」を見た。上沼恵美子って天才。知らなかった。

2月某日

エトセトラブックス開業のお祝いで、女4人でランチ。各人各様の子育てとエロと仕事

6年ぶりに思い切り夜まで仕事ができるように

への情熱が話の中でぐちゃぐちゃと絡まり合う。セックス・アンド・ザ・シティ・インTOKYOって感じ。最高。

2月某日

1週間半ぶりに夕飯担当。かわゆい子どもたちにモリモリ食べてもらうぞ、とはりきって料理を始めたが、6歳と1歳の子ども2人が交互に「お腹すいた」とキッチンにやってくる。あんまりうるさいのでおやつを食べさせる。料理が進まない。しかも今食べちゃったら夕飯食べないじゃん！　子どもに屈した自分にムカつく。

落ち着きを取り戻し料理を始めても、また1歳がキッチンにきたり6歳が「リモコンどこ」とか「ママー！　これやってー！」とか言ってきて、作業がまったく進まない。マジで気が狂うと思った。今日、確信した。「仕事だけ」より「育児と家事をいっぺんにやる」ほうが絶対に大変。家事育児より大変な仕事（脳外科医とかブラック企業とか）があるから一概には言えないぞ、と思ってた。だけどもう一概に言う。絶対、仕事だけしてる人より家事育児一緒にやってる人のほうが大変。断定。

2月某日

今年10月に開催する「フェミニスト・フェス 私の声」についての告知動画「フェミフェスステーション」の撮影。今回のゲストは『私たちにはことばが必要だ フェミニストは黙らない』の著者のイ・ミンギョンさん。女性差別的な広告への抗議や、性犯罪に関するデモの早さや団結力は日本に比べて韓国はすごい。日本はテレビのワイドショーでおじさんたちが「これは本当に『女性蔑視』なのか?」というジャッジをしたりする段階だから。

2月某日

連日、上沼恵美子の動画をむさぼり見た結果、上沼恵美子のおしゃべりを摂取しすぎて胸焼けを起こす。年末のお笑い番組で見て好きになったシソンヌに切り替える。シソンヌは吉本興業でいわゆる男性的な感じの笑いがベースにはあるが、それだけで見るのをやめるということができないコントコンビだ。

2月某日

日本の女性専用車両について、フランスの国営テレビ局のインタビューを受けることになった。フランスで女性に「電車内で痴漢に遭ったことはあるか?」と聞いたら１００人中１００人がYESって答えるそう。最初に連絡をもらった時、「フランスから見ると日本は女性専用車両があって、痴漢撲滅にしっかり取り組んでいる見本の国。お話を聞かせてください」って言われて仰天した。日本の痴漢犯罪が伝統芸能文化のごとく丁寧に伝承され続け今なお被害者蔑視でどれだけクソなのか語り尽くしてやるぜ！ と思った。

当日、私の仕事場で撮影。痴漢犯罪とか女性差別についての漫画（「これからこの国で大人になる女の子たちへ～私が10代で教わりたかったこと～」）を描いてるところをカメラで撮っていた。そのあと日本の女性専用車両について話したら分かってくれてホッとした。

こうなずきながら、
れながら、
で笑ったことない。

2月某日

小学校の、自分の子どもの教室で絵本の読み聞かせをするPTAボランティア活動。希望者だけだから自分には関係ないと思ってたが、娘から「ママも読みに来て」と言われていたので申し込んだ。娘のリクエストで谷川俊太郎の早口言葉みたいな詩の絵本。前日に練習しないと朗読が無理なやつだったので練習した。無事に読めた。

3月某日

液体ミルクがやっと発売された。うちは卒乳しちゃったから間に合わなかったけど、ばんざーい!! って思ったけど、なんと紙パックにストローをさしてほ乳瓶に移し替える、っていうものだった。結局、ほ乳瓶洗う手間がかかる。こういう風に「ばんざー…あれ？」みたいなことよくある。保育園の、入園の権利が得られただけでありがたがらなきゃならない空気とか。

こんな癒やさお笑い

3月某日

新元号を決める有識者懇談会のメンバーについてのニュース。31年前に「平成」を決めるときの有識者メンバーは女性が8人中1人だったけど、「時代が変わっている」と菅官房長官のお言葉により今回は「女性を2人に増やす」。パソコンの前で笑っちゃった。男社会の「女を増やす」は8人中1人から2人に増やす、ってことなんだよね。男の権利を脅かさない量。8人中4人を女性にする、が正解なのに。面白すぎ。女性メンバーは大学教授の宮崎緑と作家の林真理子先生。

3月某日

フェミニスト漫才をするコンビ、ハッカパイプスのライブに行く。20代の才能あふれる2人のお笑い。初めて見て、感動した。こんなにうなずきながら、癒やされながら、お笑いで笑ったことない。もっと見たい！

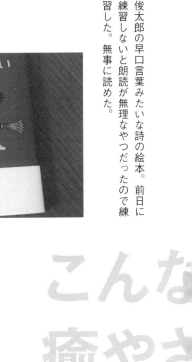

LAST TIME WE MET

彼女たちが見ていた風景　vol.1

写真・文　宇壽山貴久子

2019年4月6日 ── 晴れ ── 最高気温21.6℃

新吉原花園池（弁天池）跡

この一帯には江戸時代初期まで多くの池があった。

1657年明暦の大火後、日本橋から遊郭が移設され新吉原となり、池の一部は埋め立てられた。

1958年に売春防止法が成立した翌年、建設工事にともない池は消滅。

現在は新吉原花園池（弁天池）跡として、錦鯉が泳ぐ小さな人工池が存在する。

付近には多くのソープランドが立ち並んでいる。

私のフェミアイテム ／01

長田杏奈 さんのフェミアイテム

FAKUIのFEMINIST刺繍　シアーソックス

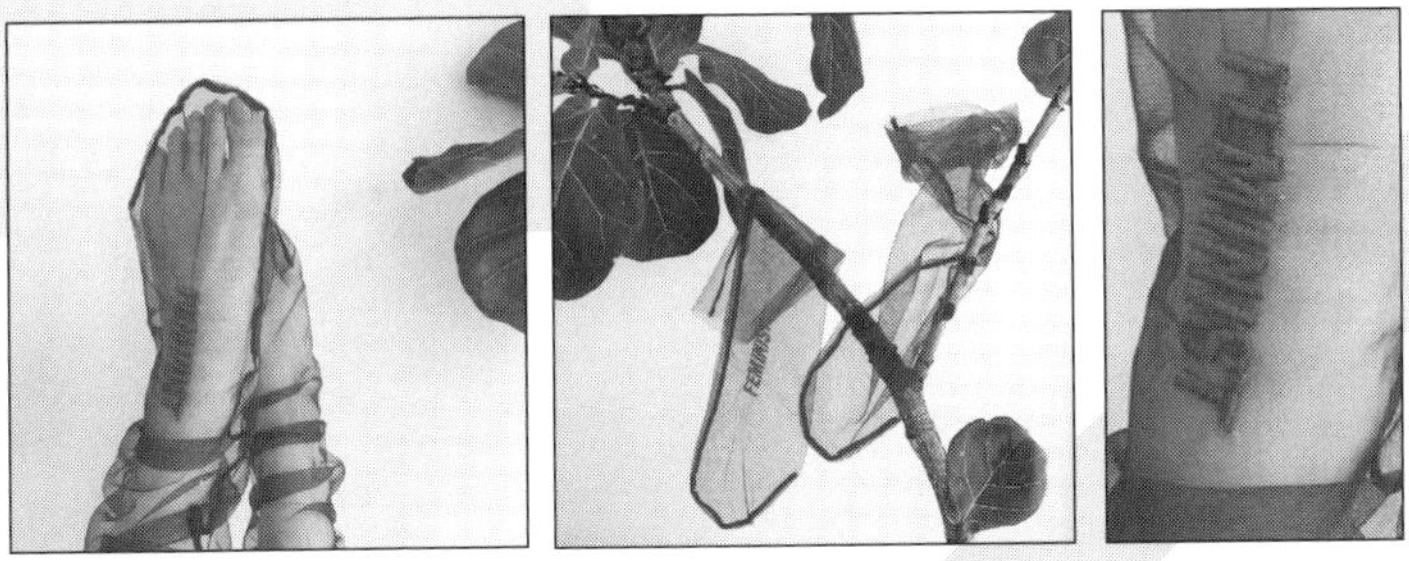

他に「LIBERALIST」も持っています。

ゆるゆると脚のラインに添う真っ赤なチュールに、力強く刺繍された「FEMINIST」の文字。どんな服や靴にも合うわけじゃない。用の美とはかけ離れた、娯楽としての靴下だ。履いてるだけで、「守りに入っておりません」と表明できる。とことこ歩くだけで「フェミニスト＝女の要素をしまい込んだ禁欲的な男嫌い」という決めつけに、優雅に「異議あり」できる気もする。女性にまつわる権利は、センシュアルに肌を透けさせながらでも、享楽的にめかし込みながらでも主張できる。求めているのは、「人間として同じだけの自由の尊重」という当たり前の初期設定。お気に入りの靴下を履いてニコニコしながら、「Why not?」と凄んでいる。「FEMINIST」というメッセージは、「私たちみんなで幸せになろうね」という訴えかけでもある。そういう意味ではLOVEやPEACEとも似ているけれど、靴下に刺繍で入れるなら断然こちらがおしゃれですね。

文・写真

おさだ・あんな
ライター。美容にまつわる記事を中心に、
インタビューや海外セレブの記事も手がける。
モットーは「#美容は自尊心の筋トレ」。
twitter&Instagram @osadanna

NOW THIS ACTIVIST vol.1

福田和子さん

"#なんでないのプロジェクト"代表

妊娠するのは女性なのになんで自分でコントロールできないのか。

PROFILE

国際基督教大学卒。世界性科(WAS) YouthInitiativeCommittee委員、国際NGO JOICEP I LADY.ACTIVIS、性の健康医学財団機関誌『性の健康』編集委員。
スウェーデン留学中の体験をもとに"#なんでないのプロジェクト"を立ち上げる。共訳書『国際セクシャリティ教育ガイダンス／改訂版』が明石書店から出版予定。今秋からは再びスウェーデンに渡り大学院で医療政策を学ぶ。

女は無力なんだ——。アフターピルへのアクセス改善を求める署名キャンペーン中に届いた声。緊急避妊した女子大生からのメッセージだ。日本では男性主導のコンドームによる避妊が一般的。72時間以内に飲まなければならないアフターピルへのアクセスも悪い。NPOピルコンと共にキャンペーンを仕掛けた福田さんは「女性がこれほどの無力感を背負わなければいけないなんて……」と言葉をなくす。

きっかけはスウェーデン留学時の体験。ピルをもらいに行ったら日本にはない様々な避妊法を紹介された。アフターピルも薬局で手軽に入手できる。それまでは遊郭を中心に性産業の研究をしていたが、日本ではそもそも性の健康を誰もが守れないと気づいた。

帰国して立ち上げた〝#なんでないのプロジェクト〟はセクシャルヘルスを守る情報・環境・選択肢の実現を目指す。自ら調査した情報を講演会やメディアだけでなくSNSでも発信。同世代の賛同者も多く、イベント企画や署名活動を行い、若者の声を集めてアドボカシーにつなげる活動に力を入れる。

「妊娠するのは女性なのになんで自分でコントロールできないのか。コンドームの避妊は成功率が85%。それで充分とすることは女性への冒涜だと思う」

活動をはじめて一年、多くの切実な声を聞き「やっぱりみんな必要としているんだって思った」と語る。

日本で議論が進まない理由には女性が避妊することへの偏見や漠然とした不安感もある。海外の友人に日本の問題点はエスタブリッシュメントなものだとも指摘された。

「実際、思ってた以上に向かってる相手は大きい」

スウェーデンでは日常のほかの喜びと同じように「セックスは楽しいもの」という前提があった。楽しむためには安全であることが必須。だからこそ正しい情報を知ってパートナーと向き合うことができるし、NOを言うことができるのだ。

「タブーを破ってやった！　みたいな温度感はない。セックスや避妊は日常的でふつうのことだから」

身近な問題として捉えてもらうためにポジティブなイメージで語ることを心がけている。

「そういうことでしか偏見ってなくなっていかないんじゃないかって思います」と軽やかなトーンで話してくれた。

先進国に限らず海外では当たり前の避妊法が日本にはない。世界には女性が主体的に使えるインプラントやリングといった手軽で安全な選択肢がある。

etc.bookshop通信　その1

初めまして、このたび、etc.booksの本屋部門を担当することになりました、嶋と申します！

とつぜんですが、etc.booksは将来的にはフェミニズムの本やグッズを集めた、フェミニスト達の拠点となるような書店をつくりたい！という夢を持っています。

この夢への助走として、「ブックショップ」と名乗り、イベントへの出店や、ポップアップショップのスタートから活動を始めることにしました。

私は「ブックショップ」の店長というわけです。

手始めに私の普段の仕事場である、下北沢の書店「本屋B&B」

B&B

に、「エトセトラブックショップ」

etc.books

のコーナーをつくる予定です！

「本屋B&B」といういち新刊書店のスタッフとして、今までもフェミニズムの棚はつくってきましたが、"フェミプレス"であるエトセトラの店長として売場をつくるとなると、より、気が引き締まります…。あれこれ、アイデアをひねり出している最中です。この棚は5月中にスタートする予定です。正式にはSNSやエトセトラHPにて告知します。

ブックショップオリジナルのブックカバーもつくります！お楽しみに！

街の景色が日々変わりつつある下北沢へ、みなさまぜひ遊びにきてください！

この通信では、そんなエトセトラ・ブックショップの活動をお伝えしていきます。

どうぞよろしくお願いします！

ではまた

twitter@tshima_syk

ドルショック竹下
どるしょっく・たけした

早稲田第一文学部在学中からエロライターとして活動。2003年「漫画実話ナックルズ」（ミリオン出版）誌上にて漫画家デビュー。体験ルポ漫画を中心に執筆。現在は新宿ゴールデン街Sea&Sunでキャプテンとして勤務中。

武田砂鉄
たけだ・さてつ

1982年東京都生まれ。出版社勤務を経て、2014年よりライターに。2015年、『紋切型社会』（朝日出版社／新潮文庫）で第25回Bunkamuraドゥマゴ文学賞受賞。他の著書に、『芸能人寛容論』（青弓社）、『コンプレックス文化論』（文藝春秋）、『日本の気配』（晶文社）、『往復書簡 無目的な思索の応答』（又吉直樹との共著、朝日出版社）などがある。

瀧波ユカリ
たきなみ・ゆかり

1980年北海道生まれ。漫画家。日本大学芸術学部を卒業後、2004年に24歳のフリーター女子の日常を描いた4コマ漫画『臨死!!江古田ちゃん』でデビュー。以降、漫画とエッセイを中心に幅広い創作活動を展開している。著書に、漫画『あさはかな夢みし』『ありがとうって言えたなら』『モトカレマニア』、エッセイ『はるまき日記 偏愛的育児エッセイ』『30と40のあいだ』、共著に『マウンティング女子の世界』など。

水谷さるころ
みずたに・さるころ

1976年千葉県生まれ。イラストレーター、漫画家。女子美術短期大学卒業後、1999年漫画家デビュー。2008年旅チャンネルの番組「行くぞ！30日間世界一周」に出演、その道中の顛末を漫画化し全3巻の人気シリーズに。コミックエッセイに『結婚さえできればいいと思っていたけど』『どんどん仲良くなる夫婦は、家事をうまく分担している。』など。30歳で初婚、33歳で離婚、36歳で再婚（事実婚）し38歳で出産。1児の母。空手弐段。

少年アヤ
しょうねん・あや

1989年生まれ。エッセイスト。自らのセクシュアリティや家族について書いた文章が、広く共感を得る。著書に『尼のような子』（祥伝社）、『焦心日記』（河出文庫）、『果てしのない世界め』（平凡社）、『ぼくは本当にいるのさ』（河出書房新社）がある。双葉社web文芸マガジンで連載していた「なまものを生きる」が単行本化予定。

安達茉莉子
あだち・まりこ

イラスト作家。言葉とイラストで「物語」を表現する。政府機関での勤務、篠山の限界集落での生活、イギリス大学院への留学など様々な組織や場所での経験を経て、2015年から活動開始。イラスト詩集『何か大切なものをなくしてそして立ち上がった頃の人へ』他4作を現在まで発行。

高橋フミコ
たかはし・ふみこ

1960年しし座の生まれ。パフォーマンスアーティスト。都内で愛猫3匹と集団生活。著書 に『ぽっかり穴のあいた胸で考えた』（2006年／バジリコ）。ラブピースクラブWebsiteにて『ステージ・フォーッ！』連載中。
https://www.lovepiececlub.com/author/8224

宇壽山貴久子
うすやま・きくこ

写真家。宮城県出身。早稲田大学、ニューヨーク州立ファッション工科大学卒業後、写真家として活動開始。02年「犬道場」で写真新世紀奨励賞受賞。数年前に米国から日本へ拠点を移す。コマーシャル撮影のほか独自のテーマを設定し作品を発表。主な作品に「ワンピースのおんな」（「暮しの手帖」連載）など。趣味はライブへ行くこと、ゆっくりジョギング。おもしろい撮影のご依頼お待ちしています！　http://www.usuyama.com

田房永子
たぶさ・えいこ

1978年東京都生まれ。漫画家、ライター。2001年第3回アックスマンガ新人賞佳作受賞。2005年より男性向けエロ本、実話系雑誌、スポーツ新聞の風俗欄で連載を持つ。08年、結婚を機に性的なスポットへの潜入取材意欲が低下していたところ、同年9月のリーマンショックを機に漫画ページが削減されたことで連載が半分に減る。ノンフィクション冊子を自費で発行し自主制作本を扱うお店タコシェや模索舎で売るようになる。10年より「ラブピースクラブ」などの女性向けWEBサイトで連載を持ち、完全に意識がフェミニズムへシフトする。母からの過干渉の苦しみと葛藤を描いたコミックエッセイ『母がしんどい』（KADOKAWA／中経出版）を12年に刊行、ベストセラーとなる。他の著書に、男性中心社会における女性の苦しみにピントを当てた『ママだって、人間』（河出書房新社）、『他人のセックスを見ながら考えた』（ちくま文庫）など。「書店本」である成人向け雑誌「裏ネタJACK」での連載を続けて15年目になる。

VOL.1 執筆者

小川たまか
おがわ・たまか

1980年東京都生まれ。編集プロダクション取締役を経て、2018年からフリーライター。ヤフーニュース個人などで執筆。著書に『「ほとんどない」ことにされている側から見た社会の話を。』(タバブックス)。

北原みのり
きたはら・みのり

1970年生まれ。作家・ラブピースクラブ代表。96年に、フェミニズムの視点でセックス・トーイショップ「ラブピースクラブ」を設立。著書に、『毒婦。』(講談社文庫)『奥さまは愛国』(朴順梨との共著/河出書房新社)など多数。責任編集に『日本のフェミニズム』(河出書房新社)がある。猫が好き。

伊野尾宏之
いのお・ひろゆき

1974年生まれ。大学卒業後2年間のフリーター生活を経て、父親が都内新宿区上落合に開業した「伊野尾書店」の2代目店長に。以後現在まで現職。「発見のある本屋」を目指しつつ、時折雑文を書いてます。
Twitterアカウント:@inooshoten
Facebook：伊野尾書店

デジスタ小保方
でじすた・おぼかた

大学卒業後、エロ本のみで就活し、15年間DVD付きエロ本だけ作ってきました。エロ本消えたらオマンマの食い上げや！　仕事ください！　Gcolleで「アクメのいけにえ」というハメ撮り配信チャンネルやっていますので見てね。
Twitterアカウント: @digista_obokata

清田隆之（桃山商事）
きよた・たかゆき（ももやましょうじ）

1980年東京都生まれ。文筆業、恋バナ収集ユニット「桃山商事」代表。早稲田大学第一文学部卒業。これまで1200人以上の悩み相談に耳を傾け、著書に『生き抜くための恋愛相談』(イースト・プレス)など。6月に晶文社より「男性性」をテーマにした単著と、イースト・プレスより桃山商事の新刊が発売予定。

次号予告

山内マリコ & 柚木麻子 責任編集

特集
We ♥ Love 田嶋陽子！

2019年秋発売予定

はじめまして、フェミマガジン「エトセトラ」です。女性たちの〈等々〉の声を大切に届けていく出版社エトセトラブックスの雑誌として、毎号、新しい責任編集長がその時いちばん伝えたいテーマを特集します。

先日、テレビで男性レポーターが「これは女性が好きな味で」と何かを紹介しており、いつもは聞き流す類の、主語も根拠ももはやよくわからないけどそういう前提にされている物事のひとつに「これは男性が好きなエロで」もあるんだろうと思いました。これまで数十年、コンビニ専用に作られ売られた数多の「エロ本」。あれは誰が好きな何だったのか。なくなることは嬉しいけど、なかったことにはできません。田房永子さんが二度とはないタイミングで、すごい記録を残してくれました。（発行者）

エトセトラ VOL.1
2019年5月20日 第1刷発行
2020年6月30日 第5刷発行

責任編集 田房永子

発行者 松尾亜紀子
発行所 株式会社エトセトラブックス
〒151-0053 東京都渋谷区代々木1-38-8-47
TEL: 03-6300-0884
FAX: 03-6300-0885
https://etcbooks.co.jp/

印刷・製本 シナノ書籍印刷株式会社

Printed in Japan
ISBN 978-4-909910-00-4